PROMÉTHÉE

PAR

EDGAR QUINET

PARIS
CHEZ F. BONNAIRE, ÉDITEUR
10, RUE DES BEAUX-ARTS
1838

PROMÉTHÉE.

Ouvrages du même Auteur.

NAPOLÉON. . . . . 1 vol.

AHASVÉRUS. 1

DE LA GRÈCE MODERNE 1

IDÉES SUR LA PHILOSOPHIE DE L'HISTOIRE,
TRADUITES DE HERDER. 3

IMPRIMERIE DE H. FOURNIER ET Cie,
RUE DE SEINE, 14 BIS.

PROMÉTHÉE

PAR

EDGAR QUINET

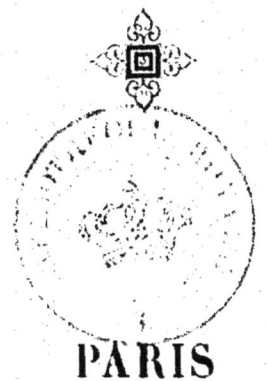

PARIS
CHEZ F. BONNAIRE, ÉDITEUR
10, RUE DES BEAUX-ARTS

1838

A
MA MÈRE.

Les fautes de ce livre sont à moi. S'il renferme une pensée droite, et l'espérance d'un monde meilleur, c'est à vous que je les dois.

Si la conception d'un ouvrage d'art est, en quelque sorte, indépendante de la volonté de l'auteur, il ne s'ensuit pas que le statuaire, le peintre, le musicien, le poète, soient condamnés à ignorer à jamais les principes auxquels ils se sont conformés, souvent à leur insu. Quand leur œuvre est achevée, la réflexion ne peut-elle se montrer chez eux après l'inspiration? Dans les affections de l'ame les plus involontaires, il arrive un moment où, après y avoir cédé, on est libre de les examiner pour les condamner ou pour les absoudre. Pourquoi ce qui est possible dans les passions du cœur ne le serait-il pas dans les passions de l'intelligence?

Si c'est le contraire qui est vrai, je dois ici justifier d'abord le titre de cet ouvrage. Dans un temps où les sujets tirés de l'antiquité sont livrés à un discrédit presque universel, comment oser représenter à des lecteurs sensés les dieux usés de l'Olympe? N'est-ce pas se condamner soi-même, et par plaisir, à un juste abandon? Je pourrais dire à cet égard que la connaissance des sociétés anciennes ayant été transformée par diverses découvertes, ou par des interprétations plus profondes, c'est, en quelque sorte, une antiquité nouvelle qui s'offre à l'imagination des hommes de nos jours. Le passé s'agrandit sans mesure. Toutes les histoires sont refaites, tous les siècles sont étudiés et restaurés. Pendant ce temps-là, faut-il que la poésie, obéissant seule à un instinct contraire, circonscrive de plus en plus son objet? La figure de l'humanité qui se complète et s'accroît chaque jour dans l'histoire, ne doit-elle se montrer, dans l'art, que par fragmens? Supposez que nous nous fermions l'école de l'antiquité au moment même où nous aurions peut-être le plus besoin d'y puiser quelque règle certaine, la même interdiction menace de bien près les souvenirs du moyen-âge. Après le moyen-âge, j'ai vu le dix-septième siècle et le dix-huitième répudiés l'un après l'autre par des raisons semblables. Dans cette voie, où s'arrêter? D'exclusion en exclusion, nos sympathies se trouveraient bientôt bornées à l'heure présente; et sans aliment, sans espace pour se développer, obligé de se consumer sur d'imperceptibles objets, l'art ne manquerait pas de s'éteindre et de périr dans le vide. C'est la voie opposée que toutes les inductions nous conseillent de suivre. Placé comme au dénouement des traditions universelles, lié par des rapports connus avec tous les temps de l'histoire, l'homme de nos jours tient, pour ainsi dire, dans sa main, la trame entière du passé; au lieu de se diminuer volontairement et de se renfermer dans un passé d'un jour, il faut donc travailler à s'étendre et à s'accroître avec la tradition. Les temps ne sont plus divisés par des autels intolérans. L'unité de la civilisation est devenue un des dogmes du monde. Un seul Dieu, présent dans chaque moment de l'histoire, rassemble en une même famille les peuples frères que des années rapides séparent seulement les uns des autres : ceci établi, n'est-ce pas le temps de répéter avec plus de foi, que jamais, le mot du théâtre romain :

Je suis homme ; rien d'humain ne me semble étranger !

Cette raison est générale ; il en est une autre particulière au sujet de cet ouvrage. S'il est, en effet, permis aux modernes de traiter des sujets antiques, assurément c'est lorsque ces sujets n'ont trouvé d'explication et de dénouement véritable que dans les révolutions et dans le génie des sociétés modernes. Or, il en est plusieurs de ce genre. Prométhée est le plus frappant de tous. Il suffit de se rappeler les principaux traits de la tradition du Caucase; on se convaincra que c'est là une des énigmes de la poésie païenne, qui n'ont été résolues que par l'esprit du christianisme.

Prométhée s'est révolté contre le pouvoir des Dieux établis; il a créé l'humanité malgré eux; il leur a dérobé le feu sacré. Les divinités païennes l'enchaînent, sans le soumettre. Sur le Caucase, il prophétise leur chute; il attend le Dieu nouveau qui, en les renversant, viendra le délivrer. D'autre part, au nom du culte menacé, Jupiter fait serment que le blasphémateur restera à jamais enchaîné sur le rocher. Entre ces sermens opposés, entre le prophète de l'avenir et le Dieu du passé, quelle conciliation présentait le paganisme? Aucune. Tant que la famille des Olympiens n'est point renversée, d'où peut venir le salut de celui qui la renie? Il faudrait, pour la délivrance de Prométhée, qu'il abjurât sa prophétie, ou que Jupiter démentît sa divinité; c'est-à-dire, que l'un ou l'autre de ces caractères cessât d'être ce qu'il est en effet. Tant que le Dieu nouveau ne paraît pas, le supplice du Caucase n'a aucune raison de finir; le Christ, en détruisant Jupiter, est le seul rédempteur possible de Prométhée.

Entraînés par la nécessité de clore la tradition, les anciens avaient pourtant délivré le Titan. Eschyle, Sophocle, et probablement Euripide, avaient chacun tiré un drame de ce sujet. Personne ne doutera que le génie de ces grands maîtres ne fût empreint dans ces ouvrages : ils maîtrisèrent, par la volonté, les contradictions qui naissaient du fond même de la fable. D'une tragédie insoluble dans le système du paganisme, ils firent sortir des prodiges d'art. Mais ces prodiges même ne changèrent point la nature des choses. Le poète triompha du sujet ; le sujet resta ce qu'il était, incomplet, énigmatique ; encore pourrait-on croire que les dénouemens inventés par ces grands hommes n'égalèrent ni la beauté ni le naturel de leurs au-

tres drames, puisque non seulement la postérité
ne les a pas conservés, mais que les critiques et
les scholiastes y ont fait de si rares allusions.
Strabon a conservé une vingtaine de vers de
la pièce d'Eschyle; il n'en reste aucun de celle
de Sophocle ni de celle d'Euripide.

Veut-on voir de plus près les difficultés que
j'indique ici? il faut considérer les bas-reliefs
dans lesquels cette partie du sujet est traitée.
Prométhée est en effet délivré par Hercule;
mais ce Prométhée, repentant, découragé, qui
se dément lui-même, conserve éternellement
aux pieds et aux mains un fragment de la pierre
du Caucase. Par cet expédient on allait au-
devant de toutes les contradictions. Le serment de Jupiter n'était-il pas maintenu à la

lettre? Le Titan avait beau reparaître dans le ciel, il n'était point délié du rocher dont il traînait un fragment avec lui. Ce sophisme transporté dans l'art, contrairement à la simplicité du génie grec, n'est-il pas la preuve la plus évidente de l'impossibilité où le paganisme était de trouver un dénouement sérieux à son poème?

Au contraire, en complétant par le christianisme la tradition de Prométhée, on se conforme à la suite naturelle des révolutions religieuses. On achève cette tragédie divine d'après le plan même qui a été marqué dans l'histoire par la providence et suivi, en effet, par l'humanité. Le poème devient ainsi l'image de la réalité même. D'ailleurs, on se rencontre dans cette idée avec l'imagination de plusieurs pères de l'Église. Long-temps avant moi, un commentateur d'Eschyle, l'Anglais Stanley, a remarqué que les fondateurs du christianisme se sont attachés à interpréter, de cette manière, la figure de Prométhée. Malgré l'horreur que le paganisme leur inspirait, ils n'ont pas laissé d'associer cette tradition à l'idée des mystères les plus sacrés des Écritures. Souvent ils ont comparé le supplice du Caucase à la passion du Calvaire, faisant ainsi de Prométhée un Christ avant le Christ. Parmi ces autorités, celle de Tertullien est surtout frappante. Deux fois, en annonçant aux gentils le Dieu des martyrs, il s'écrie : Voici le véritable Prométhée, le Dieu tout-puissant, transpercé par le blasphème :

Verus Prometheus, deus omnipotens, blasphemiis lancinatur. Ailleurs, et conformément à la même idée, il parle des croix du Caucase: *Crucibus Caucasorum*. Quoique exprimé en d'autres termes, le sentiment des apologistes grecs et latins est le même que celui de l'Africain. Il n'est peut-être pas inutile de dire que le principal bas-relief de Prométhée a été retrouvé dans les caveaux d'une église parmi des tombes d'évêques, et des sculptures catholiques avec lesquelles il était confondu depuis plusieurs siècles; mais sans attacher à cette circonstance plus d'importance qu'elle n'en mérite, les témoignages indiqués ci-dessus suffiraient pour montrer que l'alliance que j'ai établie entre la fable antique et les idées chrétiennes n'est pas un artifice de la fantaisie moderne; qu'elle repose au contraire, sur une sorte de tradition et, j'ose le dire, sur la nature intime des choses.

Pour s'en mieux convaincre, on pourrait rechercher les vestiges du christianisme avant le Christ. Ce serait même là le sujet d'un ouvrage bien digne d'être entrepris de nos jours; on serait étonné de voir combien de prophéties chrétiennes émanaient de tout le monde païen long-temps avant l'Évangile. Dès l'origine, les ressemblances des philosophes grecs avec les apôtres, du Phédon et de saint Jean, ont été remarquées. Il resterait à montrer le même accord dans l'art et dans la poésie. Ces pressentimens ne se montrèrent nulle part mieux que chez les tragiques. L'art antique n'ayant pu accepter tout entier le dogme de la fatalité, le chœur resta dans le drame comme une protestation perpétuelle contre le destin et les violences de la scène. Les droits éternels de la justice, de la liberté, de la sainteté, de la conscience, furent conservés dans sa bouche. Aussi, lorsqu'on lit assidûment ces poètes, on est de plus en plus ravi des sentimens de sainteté qu'ils contiennent en abondance. Véritablement, le Jupiter que Sophocle adore n'est plus le même que celui d'Homère, mais plutôt, comme disaient les pères de l'Église, un Jupiter chrétien, *Jovem christianum*. Dans les deux OEdipes quelle piété auguste! Quel spiritualisme ailé! Nous voilà déjà bien loin de l'enivrement de l'idolâtrie! Surtout quelle charité véhémente au sein de laquelle le dogme de l'amour révélé par saint Jean, semble toujours près d'éclore! Lorsqu'Antigone invoque ces lois immuables qu'aucune main n'a écrites, que les dieux n'ont point faites, qui sont plus fortes que le destin, plus puissantes que Jupiter, n'est-ce pas là une parole de l'éternel Évangile? et ne dirait-on pas d'une vierge martyre et baptisée dans les sources inconnues du monde naissant? Or, cette observation ne s'applique pas seulement à Sophocle; elle est aussi très vraie pour ce qui regarde Eschyle, et même Euripide, malgré les différences infinies qui, d'ailleurs, les séparent; le premier à demi oriental, et qui rappelle dans ses chœurs la langue d'Isaïe, le second, qui se rapproche du génie des modernes par les mêmes symptômes de défaillance morale et de langueur passionnée. Je n'ai rien dit de Pindare, quoique sous l'apparente idolâtrie de l'art et de la parole, il jette peut-être les éclairs les plus extraordinaires et les plus divins oracles. Au cœur du paganisme, se perpétue ainsi la révélation d'un même avenir, et tous ces esprits précurseurs se rencontrent dans la tradition universelle du Dieu de l'humanité. Il semble même que les Pères aient eu un sentiment vague de ce progrès continu de la religion, lorsqu'ils répétaient aux païens ce mot profond dont il m'est impossible de faire passer la force dans notre langue: Nous avons été des vôtres. On ne naît pas chrétien, on le devient: *de vestris fuimus.*

Fiunt, non nascuntur christiani. Je ne puis croire que considérer ainsi le christianisme, ce soit le méconnaître. Au lieu de le rencontrer isolé, et sur un point unique de la terre, on le voit par degrés surgir du sein de tous les cultes. Son Dieu n'est plus la propriété d'une tribu, mais l'héritage du monde. Partout où s'établit une société, il y compte des envoyés et des représentans; chaque empire est son prophète; chaque peuple écrit une page de son ancien testament; et c'est dans ce sens qu'il peut justement et éternellement s'appeler le Dieu universel ou catholique.

Cette unité du dogme de l'humanité explique aussi pourquoi les premiers chrétiens ont compté quelques poètes païens au nombre des précurseurs de l'Évangile. Orphée, Virgile ont passé au moyen-âge pour de véritables prophètes. On sait par quels changemens les Sibylles sont devenues des personnages tout chrétiens, et comment Michel-Ange a pu les introniser dans la chapelle de la papauté. Pendant les premiers siècles de l'Église, que de fois les oracles profanes n'ont-ils pas été appliqués au Dieu nouveau! *Témoin David et la Sibylle,* ces paroles du *dies iræ* font encore aujourd'hui partie de la liturgie catholique. Dans un des hymnes de saint Bernard, on trouve ces mots non moins expressifs : Si les Juifs ne croient pas leurs prophètes, qu'ils croient du moins les prédictions de la Sibylle! En étendant et réglant la pensée vague du moyen-âge, peut-être le jour viendra-t-il où Pindare, Eschyle, Sophocle, enfans du Dieu de l'humanité, seront reconnus pour frères d'Isaïe, de Daniel et d'Ezéchiel.

Dans ce sens, Prométhée est le vrai prophète du Christ au sein de l'antiquité grecque. Le Dieu que les voyans Hébreux annonçaient à l'Orient, il le prédisait à l'Occident. Le même christianisme qui devait plus tard se développer par l'alliance de l'Évangile et de Platon, se révèle d'abord dans la haute antiquité par la bouche des prophètes et par celle de Prométhée. Le Titan se rencontre ici avec les patriarches.

Prométhée est la figure de l'humanité religieuse. Mais il n'a pas seulement ce caractère historique; il renferme le drame intérieur de Dieu et de l'homme, de la foi et du doute, du créateur et de la créature; et c'est par là que cette tradition s'applique à tous les temps et que ce drame divin ne finira jamais. On a beau échapper aux pensées qu'il contient; sous une forme ou sous une autre, elles reviennent incessamment, et sont, pour ainsi dire, l'élément éternellement subsistant de toute poésie. Quels que soient les occupations d'un siècle, l'ardeur des intérêts du présent, le conflit des doctrines, la collision et la fureur des partis, on finit toujours par arriver à l'heure où il faut se rencontrer face à face avec Dieu. En ce moment, les anciennes questions, dont on se croyait pour jamais débarrassé, résonnent de nouveau.

Qui es-tu? Que crois- tu? Qu'attends-tu? En vain on en détourne son oreille, elles ne cessent point de retentir, qu'on y ait fait une réponse.

Combien cela n'est-il pas plus frappant si vous appartenez à l'une de ces époques où la religion subit, dans les esprits, un incontestable changement! C'est alors que se réveillent les grandes énigmes posées par les sociétés précédentes, et qui n'ont point encore été résolues. Dans l'ignorance où chacun se sent tout à coup replongé, ces antiques emblèmes de la curiosité de l'ame humaine, semblent faits tout exprès pour le temps où vous vivez. La différence fondamentale qui sépare les âges de l'humanité ayant disparu avec la foi positive, tous les siècles se trouvent subitement rapprochés dans une même communauté de doute et d'angoisses morales. Il n'y a plus ni Grecs, ni Barbares, ni gentils, ni chrétiens, ni anciens, ni modernes, mais une même société d'hommes réunis autour d'un même abîme, et qui se font les uns aux autres la même question, presque dans les mêmes termes.

Les Grecs avaient, il semble, emprunté de l'Orient, la tradition de Prométhée. Au sortir du moyen-âge, cette tradition a été traitée par Caldéron. De nos jours elle a préoccupé à des degrés différens, Goëthe, Beethoven, Byron et Schelley. Chacun de ces poètes a pu, sur un même thême, être original à sa manière; ce sujet étant du petit nombre de ceux qui enfermant, dès le commencement, toutes les questions qui se rattachent à l'homme ne peuvent en quelque sorte, être épuisés que par l'humanité même.

Si **Prométhée**, comme l'indique son nom, est l'éternel prophète, il s'ensuit que chaque âge de l'humanité peut mettre de nouveaux oracles dans la bouche du Titan. Peut-être même n'est-il aucun personnage qui se prête davantage à l'expression des sentimens d'attente, de curiosité, d'espérances prématurées et mêlées de regrets, dans lesquels notre temps est enchaîné. Je remarque, à cet égard, que toutes les fois que le poète, le sculpteur, le peintre, ont exprimé ce que l'on appelle aujourd'hui des pensées d'avenir, ils ont dû se servir pour cela des formes et des figures du passé. En soi, l'avenir est une abstraction sans corps, sans forme, et qui n'existe nulle part. Sitôt qu'il devient une réalité, il se convertit en un présent qui a lui-même un passé. Exiger du poète qu'il forme lui seul, et de sa propre substance, le monde de l'avenir sans aucun des débris d'un monde antérieur, ce serait vouloir mettre la métaphysique à la place de la poésie ou la prophétie à la place de l'art. Autant vaudrait demander une statue sans marbre, un tableau sans toile, un édifice sans matière. Lorsque Virgile a raconté les destinées de la Rome des Empereurs, il a gravé sa prophétie sur le bouclier antique d'Énée. De la même manière, quand Fénelon a voulu donner une forme aux rêves à travers lesquels il entrevoyait la société de l'avenir, il a rejeté ces rêves dans la civilisation de Salente. J'en pourrais dire autant de tous les artistes, peintres, sculpteurs, poètes, chez qui on ne trouve jamais l'avenir que recélé et emprisonné dans les liens du passé, ainsi que cela arrive, en effet, dans la nature et dans le monde réel. Imaginer que la poésie puisse se séparer entièrement de toute tradition, de tout souvenir, de toute matière, et se soutenir ainsi suspendue dans le vide, ce serait méconnaître la première condition, non seulement de l'art, mais de la vie elle-même.

Si les sociétés, en effet, se transforment l'une l'autre, elle s'annoncent aussi et se prédisent, pour ainsi parler, l'une l'autre; chacune d'elles étant, à quelques égards, l'ébauche de celle qui la suit. La nature modèle incessamment les formes du genre humain, comme un sculpteur. Elle prépare de loin, et d'une manière continue, les accidens les plus heurtés; elle lie toutes les parties de ce grand corps, les peuples aux peuples, les empires aux empires, les dogmes aux dogmes, les traditions aux traditions, comme elle unit les veines aux veines, les muscles aux muscles, dans un corps organisé. C'est par cet artifice qu'elle réussit à faire de tant de parties séparées par l'espace et par le temps, un même tout, qui porte un même nom, humanité, et qui toujours se développant et changeant reste néanmoins un seul et même être. Or, ce travail continu de la nature sur l'humanité est celui que les poëtes de nos jours doivent en partie se proposer de reproduire; car cette figure du genre humain, tout ancienne qu'elle est, n'a pourtant été découverte en quelque sorte et pleinement manifestée que par les modernes.

Voilà pourquoi, imiter les anciens sans rien ajouter, ni rien retrancher à la tradition, est une œuvre que personne ne peut désormais se proposer. Les ouvrages des Grecs resteront à jamais le type et la mesure infaillible du beau; mais se condamner pour cela à joûter avec ces lutteurs invincibles, sans profiter des développemens de la civilisation et du christianisme, cette idée n'entrera jamais dans l'esprit d'un homme qui aura la moindre pratique des arts. Ce serait vouloir combattre à nu avec les héros d'Homère, armés du ceste et du bouclier divin. Je suppose même que l'on vînt à bout de copier littéralemment les lignes et les formes de l'antiquité, à cet art manquerait toujours la première condition de la beauté, je veux dire la vie. Mort en naissant, sans rapport avec aucun des élémens du monde réel, il appartiendrait à la classe des monstres. Au contraire, pour qu'une œuvre fondée sur la tradition de l'antiquité soit vivante, il est nécessaire qu'elle pénètre d'un esprit nouveau, et pour ainsi dire d'une ame nouvelle, les formes éternellement belles d'où l'esprit de l'humanité s'est retiré. C'est dans ce sens seulement que l'artiste imitera véritablement la nature ; car elle aussi, poëte par excellence, ne tire rien de rien ; mais dans chacune de ses créations elle se conforme à un type ancien, qu'elle anime d'une nouvelle vie. Elle travaille sur cet ancien modèle ; elle le développe, elle l'accroît, elle le modifie au dedans et au dehors. A la fin, elle elle en tire de nouvelles organisations, dans lesquelles un œil exercé découvre seul le type qui a servi de point de départ. Tel est aussi le procédé de l'art, soit qu'en cela il imite en effet la nature, ou plutôt qu'il soit une partie supérieure de la nature elle-même.

La littérature toute entière des modernes n'est que la confirmation de ce qui précède. Dante, Caldéron, Fénelon, Racine, Milton,

Camoëns, pour ne parler que des morts, ont surabondamment prouvé avec quelle facilité les sujets de la haute antiquité grecque se laissent interpréter et pénétrer par le génie de l'Ancien et du Nouveau Testament. Raphaël, que l'on a dit avec tant de raison être fils d'un ange et d'une muse, offre en foule des preuves plus frappantes encore de cette alliance. Quant aux créations les plus inexplicables de Michel-Ange, je n'avance rien qui ne puisse être montré du doigt, en disant que ce sont, pour le plus grand nombre, des types de la statuaire païenne, agrandis par l'esprit de la Bible, Platon interprété par les prophètes. De là, il semble que, ramener les sujets de la haute antiquité aux traditions vitales du christianisme, ce soit rattacher à une souche commune les rameaux qui en ont été détachés par le temps.

De plus, si dans l'antiquité grecque il y avait des germes de christianisme, il resta au sein du christianisme un bien plus grand nombre de débris et de souvenirs du monde païen. Les dieux ne tombèrent pas en un moment. Chassés de l'Olympe, ils obsédèrent long-temps encore la pensée des peuples. Sous la forme de démons, ils remplirent les imaginations encore à moitié profanes des solitaires. En montrant comme existant à la fois les dieux antiques sous cette forme dégradée et le christianisme naissant, je n'ai fait que me conformer à des faits très réels.

Les remarques précédentes n'ont eu pour

objet que les bienséances de la poésie. On trouve, en suivant ces idées, une difficulté bien autrement grande, qui m'a préoccupé dans tout le cours de cet ouvrage, et devant laquelle on ne peut reculer. Quel est le rapport de l'art et de la religion? Ne sont-ils, au fond, qu'une seule et même chose? Concourent-ils au même objet? Ou, s'il en est autrement, en quoi diffèrent-ils? Par où se contredisent-ils? Jusqu'où peut s'étendre sans impiété le mélange du profane et du sacré? Cette question est renfermée dans presque tout ce qui a été indiqué plus haut.

Pour y répondre, je ne dirai point, que l'art est fait pour l'art; ce serait dire que le moyen a pour but le moyen. L'art a pour but le beau, que l'on a appelé la splendeur du vrai. Cependant, l'art n'est point l'orthodoxie; ni le drame ni l'épopée ne sont le culte; le poëte n'est pas le prêtre. Loin de là, en choisissant à son gré les élémens du dogme qu'il peut s'approprier, en rejetant les parties qu'il désespère d'assouplir, c'est-à-dire en exerçant sa critique sur les formes du culte, l'art commence le premier à altérer les traditions du sacerdoce. Aussi je ne suis point surpris que Platon, ait exclu les poëtes de sa république immuable. Je retrouve les mêmes sentimens dans saint Augustin, dans Pascal, et dans Racine vers la fin de sa vie. Ces hommes, d'une sincérité parfaite, n'ont pu manquer de voir que c'est par l'art que se modifient d'abord les choses anciennes; car ces sortes de changemens sont d'autant plus irrésistibles, qu'ils sont presque toujours joints à un sentiment vrai d'adoration pour l'objet même que l'on transforme. Homère, qui nous semble aujourd'hui si crédule, a pourtant bouleversé de fond en comble le système religieux de la Grèce primitive. Combien d'hérésies ne découvrirait-on pas chez les tragiques, par qui surtout s'est opérée la transformation du génie antique! Où est le symbole qu'ils n'aient changé? Où est la tradition qu'ils aient respectée? Venus après Homère, ils ont altéré la religion d'Homère. Que d'impiétés dans le seul *Philoctète* de Sophocle! Je ne parle pas du *Prométhée* et des *Euménides*, où la révolte est flagrante. Le culte, à véritablement parler, ne semble plus, pour ces hommes, qu'une dépendance de l'art, un recueil de thèmes poétiques, qu'ils détournent sans scrupule du sens établi, « n'épargnant, comme le dit si bien La Fontaine, ni histoire ni fable où il s'agit de la bienséance et des règles du dramatique. » Conçoit-on le changement qui se fit le jour où le poète se permit de traiter à son gré, c'est-à-dire d'arranger, d'interpréter, de changer, d'étendre arbitrairement le sens des traditions consacrées? Pour moi, il me semble que, lorsque telle chose arriva, la révolution religieuse était déjà plus qu'à demi consommée. Je ne m'étonne point que le vieil Eschyle ait été traduit devant un tribunal pour se justifier de ses sacriléges; mais ce qui me surprend, c'est qu'il ait été absous. Les lyriques grecs qui nous sont connus méritaient d'ailleurs la même accusation. Évidemment Pindare ne cherche dans l'Olympe que des emblèmes de morale, et partout il tranche le dogme dans le vif, pour en faire sortir sa philosophie hautaine. Pense-t-on qu'Anacréon fût orthodoxe quand il égalait la joyeuse, la belle, la mélodieuse cigale aux grands dieux de l'Ida? Et Platon lui-même, quelle était sa croyance au moment où il faisait dire à l'un des interlocuteurs de Socrate : « Je jurerai par un des dieux, ou, si tu l'aimes mieux, par ce platane? » Que dirais-je de la poésie latine, qui naquit avec Lucrèce dans l'athéisme, et finit avec Juvénal par la satire de tous les cultes? Que l'on me montre, dans tout cet intervalle, un seul poète qui ait eu la foi rigide du sacerdoce. Ce ne sera ni le philosophe Virgile, ni le sceptique Horace.

Que conclurai-je de tout cela? Une seule chose. Que l'immutabilité du dogme ne se trouve point dans l'art. Ce dernier corrige, embellit, accroît, divinise son objet ; il peut tout, excepté se borner à une servile représentation. Voulez-vous donc vous attacher d'une manière inébranlabe à la foi de vos pères? Défiez-vous du culte des statuaires, des peintres, en un mot, de tous ceux qui, sous l'apparence d'une imitation parfaitement fidèle, ne font, en définitive, que s'éloigner de plus en plus et irrévocablement de l'objet représenté; les plus religieux vous entraînent à leur insu vers des formes différentes des anciennes. Quand ils croient adorer comme vous et dans les mêmes termes, ils développent, ils agrandissent, ils accroissent, en effet, le dogme qui vous est commun avec eux. Vous prononcez ensemble les mêmes paroles, il est vrai; mais que le sens en est différent dans votre bouche et dans la leur! Nourris de la foi des ancêtres, vous possédez avec le repos du cœur et de l'intelligence, l'harmonie dont l'art humain le plus accompli n'est qu'un écho affaibli et égaré. Gardez-vous donc de vous endormir dans la foi agitée des poètes; vous pourriez vous réveiller dans le désespoir.

Que si j'étais, pour mon compte, assez heureux pour avoir conservé, sans aucun mélange de réflexion, la foi que j'ai reçue en naissant, tenez pour assuré que, sur un tel sujet, je ne composerais pas de poëmes, je ne sculpterais point de statues, je ne peindrais point de tableaux ; car je saurais trop que je ne puis faire aucune de ces choses, sans altérer le divin modèle vers lequel j'oserais à peine tourner mes yeux.

Malheur à celui qui, trompé par les artifices d'une parole cadencée, ou d'un tableau, ou d'une musique éclatante, croit posséder, dans ce fantôme le Dieu immuable de ses pères ; je le préviens que dans cet amusement, il rencontrera d'intolérables mécomptes.

En vain a-t-on prétendu, de nos jours, qu'une religion ne peut fournir de matière à l'art, si ce n'est dans les temps où cette religion exerce sur les esprits une autorité absolue! Je trouve cette maxime démentie aussi bien par la nature des choses que par l'expérience de l'histoire. Un peu plus haut, je me suis appuyé sur le témoignage des anciens. Chez les modernes, tous les arts ont éclaté en même temps que le protestantisme a fait divorce avec l'Église. N'oubliez pas que Raphaël est contemporain de Luther.

J'ai supposé que votre foi n'avait souffert aucune atteinte, et j'ai dit que, dans ce cas, l'art n'avait rien à vous enseigner. Je suppose maintenant tout le contraire, c'est-à-dire que l'esprit du siècle a ébranlé en vous la confiance dans l'autorité du passé; que le vide que l'on sent aujourd'hui en toutes choses s'est étendu jusqu'à vous; et je dis que cette poésie, que je tenais tout à l'heure pour malfaisante, devient pour vous le premier pas vers la guérison et la croyance.

En effet, si la poésie transforme son objet, elle ne peut détruire qu'elle n'élève en même temps. Le même Euripide, qu'Aristophane accusait avec justice d'impiété au point de vue du dogme païen, nous semble aujourd'hui être un des devanciers du christianisme, et donne la main à l'auteur d'*Athalie* et d'*Esther*. L'homme, quoi qu'il fasse, est tellement imbu de l'esprit saint, qu'il n'a, en quelque sorte, qu'un seul moyen de s'en dépouiller; et ce moyen est de déguiser son doute sous le masque de la foi. Au contraire, il est visible qu'il y a quelque chose de Dieu dans toute pensée sincère de l'homme. N'y a-t-il rien de religieux dans l'ame qui s'élance à la recherche de l'idole perdue ou inconnue? Et celui qui fouille son cœur pour en connaître la misère, n'est-il pas plus près de la guérison que celui qui s'endort tranquillement dans l'illusion et la tiédeur?

Si donc c'est être impie de penser que le christianisme du XIXe siècle est différent du christianisme du XIIe, alors, pour ma part, je mérite l'accusation dont mon obscurité ne m'a pas toujours défendu. Si, au contraire, c'est être religieux de reconnaître en chaque chose la présence de l'infini; si c'est être croyant de garder le culte des morts et la foi dans l'éternelle résurrection, si c'est être ami de Dieu, de le chercher, de l'appeler, de le reconnaître sous chaque forme du monde visible et invisible, c'est-à-dire dans chaque moment de l'histoire, et dans chaque lieu de la nature, sans toutefois le confondre ni avec l'une ni avec l'autre de ces choses, alors celui qui écrit ces lignes est tout le contraire de l'impie.

Je ne nierai pas, cependant, qu'en Europe des voix nombreuses ne s'élèvent contre le mouvement général que la pensée reçoit de l'impulsion de la France; alarmés par ces clameurs, faut-il revenir sur nos pas et nous renier nous mêmes? Ce retour ne serait plus possible, supposé même qu'il fallût le désirer. La France ressemble aux Israélites marchant dans le désert. Nous sommes égarés, si vous le voulez. Il est vrai aussi que nous avons laissé en arrière plusieurs idoles chéries. Maint peuple dit de nous : Où vont-ils? Ils ont perdu la voie. Mais pourtant, dans ce désert de l'égarement, chaque pas nous rapproche de la terre promise.

D'ailleurs, si le repos nous manque autant qu'on le prétend, ce n'est pas nous qui l'avons ôté du monde. Je remarque que le genre humain n'a connu de véritable paix qu'au sein de la civilisation grecque. Alors, sans inquiétude sur sa propre fragilité, satisfait de sa condition sur la terre, l'homme aimait, idolâtrait la vie; mais que ce moment fut court! La civilisation des Romains n'est déjà qu'agitation et discorde, la guerre entre les patriciens et les plébéiens ayant commencé chez eux. Ce fut bien pis quand le christianisme vint à paraître. Depuis ce jour, saisi d'ambitions infinies, méprisant le monde comme indigne de ses regards, l'homme s'est hâté sans relâche vers un but invisible. Vous nous reprochez notre inquiétude : hélas! voilà plus de deux mille ans que le genre humain ne s'est assis nulle part.

Nous sommes ici non pour nous reposer et nous réjouir dans la tranquille possession de la foi du passé, mais pour nous encourager les uns les autres à la recherche et à la possession de l'Éternel, qui est passé, présent et avenir, tout ensemble.

Assez de voix, d'ailleurs, nous crient que

l'art est désormais sans objet, que personne n'en veut plus, que d'autres intérêts lui ont pour jamais succédé. Dans cette lutte d'un seul contre tous, pressé à la fois par les croyans et par les sceptiques, ne trouvant, autour de lui, qu'entraves et difficultés renaissantes, faut-il que l'artiste se soumette sans réserve à la merci du plus grand nombre? Tel n'est point mon avis. De même qu'aux époques du moyen-âge les plus ennemies de l'intelligence, certaines pensées de salut se sont conservées dans les solitudes incultes des anachorètes et sur des monts escarpés, de même, aujourd'hui, il n'est peut-être pas inutile que les traditions de quelques dogmes sacrés (sans lesquels nulle civilisation n'est possible) se conservent à l'écart dans un petit nombre d'ames inconnues ou reniées : poètes, philosophes, prêtres, artistes, rêveurs, qu'importe leur nom.

Après avoir été successivement théocratique, aristocratique, monarchique, si l'art se faisait aujourd'hui le précurseur de l'unité sociale, à laquelle sont conviées toutes les démocraties modernes; sans se laisser aveugler par l'esprit de système, si l'artiste, fidèle toutefois aux traditions et au génie de son pays, étendait ces traditions et ce génie de telle sorte qu'ils devinssent l'expression non d'un homme, mais d'un peuple; non d'un peuple, mais de tous les contemporains; non d'un moment de l'histoire, mais de tous les âges de l'humanité, croit-on que cette carrière, ouverte, au reste, à nos descendans, fût stérile ou indigne d'occuper les loisirs d'un homme de nos jours?

S'il est des formes à travers lesquelles l'avenir se laisse déjà pénétrer, il est aussi un plus grand nombre de pensées abandonnées qu'il convient de rappeler. Le dogme de la fatalité l'emporte, au moment où l'on écrit ces lignes; qui le nie? Il domine dans la métaphysique, dans la morale, surtout dans les actions humaines. Qui ne croirait que sa victoire est consommée et que c'en est fait pour jamais de cette vieille cause de la liberté morale pour laquelle tant de noble sang a été répandu, et qui a maintenu pendant tant de siècles en haleine la dignité et la grandeur du monde? Et pourtant un jour viendra où ces doctrines sacrées reparaîtront.

Brisant les liens de la corruption, l'homme recouvrera sa conscience et son libre arbitre; Prométhée enchaîné sera délivré : c'est du moins là un des dogmes de la religion des poètes.

Je ne puis m'empêcher de croire aussi que l'on s'est trop hâté de considérer le juste, le beau, le saint, comme choses surannées et dûment ensevelies. Quoique aussi vieilles que le monde, ces théories ne se doivent point tenir pour battues. Émancipé d'hier, l'homme moderne se glorifie trop vite de n'aimer que la terre; prenez garde que cet amour exclusif de la glèbe ne sente le servage. En vain, vous vous félicitez d'être débarrassés de l'ame; il faudra bien qu'elle renaisse. Ornez la terre tant qu'il vous plaira, creusez-la, sondez-la, fouillez-la dans ses dernières profondeurs. Abaissez les collines, élevez les vallées, détournez les fleuves, vantez-vous tant que vous voudrez de votre victoire sur la nature; triomphez; faites vous-mêmes votre apothéose. Après cela, vous ne trouverez néanmoins que ce que la terre possède, et qui a déjà tant embarrassé vos ancêtres, à savoir : les inquiétudes, les sueurs amères, le néant des choses finies, le temps qui dévore tout, et, pour couronnement, la mort, l'inévitable mort. Tant que vous n'aurez pas affranchi le monde de cette dernière infirmité, je vous avertis qu'il manque quelque chose d'important à votre triomphe, et je me ris par avance de vos promesses. Pensez-vous être les premiers qui aient voulu lier le genre humain tout vivant au cadavre du globe, et qui, possédant la terre, aient cru posséder le ciel? Cette illusion a toujours reparu dans les temps de défaillance et de servitude morale. Qu'il y a long-temps que les peuples, s'agenouillant dans le désert autour du veau d'or, crurent que c'était là le but de leurs travaux, et qu'il fallait s'y arrêter! Et, au contraire, ce fut le moment où il fallut se relever et marcher au devant de meilleures destinées. Plus tard, les affranchis dans Rome ne songèrent, comme vous, qu'à leur pécule. Et pourtant, de plus hautes pensées ne manquèrent pas d'envahir les esprits et d'emporter le monde. De même aujourd'hui, les démocraties modernes, ou seront condamnées à une honteuse infériorité à l'égard des pouvoirs qui les ont précédées, ou se mettront à la tête des éternelles et splendides doctrines du genre humain; justice, amour, beauté, immortalité, héroïsme, conscience, plaisirs de l'ame, traditions de toutes les intelligences, qui ont éclairé et orné les temps passés, ne périront pas si tôt, et l'humanité ne sera point inféodée à la matière et au sépulcre. Relevons donc nos cœurs en prenant possession du gouvernement du monde, ou, ne le pouvant, retournons à la glèbe. Entre ces choses, point de milieu. Il faut choisir.

PREMIÈRE PARTIE.

PROMÉTHÉE
INVENTEUR DU FEU.

> Les Païens racontent que Prométhée a fait l'homme d'argile. Ce n'est pas sur la chose qu'ils se trompent, c'est sur le nom de l'ouvrier.
>
> LACTANCE.

PERSONNAGES.

PROMÉTHÉE.
HÉSIONE.
UN CHOEUR DE CYCLOPES.

I.

La terre encore humide sort des eaux du déluge. Prométhée recueille au bord de l'Océan le limon primitif; il en forme des hommes de tous les âges. Autour de lui sont des ébauches à moitié terminées. D'autres figures humaines sont éparses dans l'intérieur de sa caverne; des peuples d'argile privés encore de vie apparaissent immobiles sur la cime des monts, et à travers le feuillage des forêts. Prométhée, entouré d'un nuage, est seul sur la terre; il achève de modeler la figure d'une géante.

PROMÉTHÉE.

Courage! l'œuvre avance! à la face des cieux,
Cette argile vivra comme vivent les dieux.
Sous mes doigts je la sens qui fermente et s'anime;
De mes pleurs de Titan qui tombent dans l'abîme,

J'ai deux fois arrosé le limon des humains.
Deux fois l'homme ébauché s'est brisé dans mes mains;
Et le monde futur, comme un vase de terre,
Par les bords se fêlant, toujours croule en poussière....

Hé bien ! recommençons !.. Des dieux, des dieux nouveaux,
Par hasard échappés aux langes du chaos,
A leur création portant eux-même envie,
N'entr'ouvrent qu'à moitié les portes de la vie.
Dans une borne étroite enfermant l'univers,
Sans crainte ils ont semé le sable des déserts,
Et sur l'herbe des bois l'insecte qui bourdonne.
Ils prodiguent le bouc que la mouche aiguillonne,
Enfant des aquilons l'imbécille roseau,
Le chaos palpitant sous l'aile de l'oiseau,
Le ver rampant, le bœuf et la grasse génisse
Qui déjà vont lécher l'urne du sacrifice.
Mais dans un corps d'argile un esprit immortel,

Une ame qui vivrait d'un rayon de leur ciel,
Qui pourrait, par leurs noms, comme moi, les connaître,
Les aimer, les haïr, les surpasser peut-être!...
Non! jamais de grands dieux, fabricateurs de nains,
Ne pétriront cette ame en leurs avares mains.

Car alors, sous la nue autour d'eux amassée,
Un témoin les suivrait de l'œil de sa pensée.
Ils ne seraient plus seuls!... partout des yeux ouverts
Sur eux se lèveraient dans l'immense univers.
C'est en vain que des cieux s'accroîtrait le mystère.
Partout un spectateur, le front ceint de lumière,
Debout assisterait à l'ouvrage des dieux!...
D'un rebelle Titan, ô blasphème odieux!
Ils craindraient l'injustice!... Aux bras de la paresse
Ils ne cuveraient plus l'olympienne ivresse;
Mais, toujours sous la pourpre enchaînés par des lois,
Des mondes supplians ils entendraient la voix.

Plus d'ombres dans la nuit pour voiler l'adultère.
Les coupes s'emplissant des larmes de la terre,
Comment d'un pur nectar abreuver les autels?
Et qui dissiperait l'ennui des immortels?

(Après un silence.)

Bientôt, que diront-ils, quand, du séjour des nues,
Ils verront s'éveiller, au bord des mers émues,
Les enfans de mes mains, peuples, vierges, vieillards,
Et les coursiers ailés prêtant leurs flancs aux chars,
Et le soc des vaisseaux sur des sillons d'écume,
Et des noires cités le foyer qui s'allume?
Comme un songe échappé des portes du sommeil,
Ils croiront dissiper ce monde à leur réveil.
Sous son sceptre novice un Jupiter imberbe
Croira qu'il peut courber les ames comme l'herbe.
Les grands dieux peuvent tout!... Mais ils voudraient en vain
Dans l'argile étouffer un souffle de mon sein.

PROMÉTHÉE.

Terre qui produis tout, et toi, mer embaumée,
Écoutez et voyez! car l'argile est formée.
Les dieux sont-ils plus beaux que ce vivant limon?
A leurs corps endormis sur le haut Cythéron,
Mes yeux ont dérobé la beauté souveraine.
C'en est fait. Cieux jaloux, retenez votre haleine...
Une vierge géante, enfant des songes d'or,
De l'argile est sortie... Elle est aveugle encor.
Sur ses pieds blancs descend sa noire chevelure;
Le lierre des forêts serpente à sa ceinture.
Des pensers de Titan habitent sous son front...
Son œil s'ouvre... Tout rit. Bercé sur son giron,
L'Amour d'un lait divin a gonflé ses mamelles
Où pendront en naissant les nations jumelles.
Déjà ce cœur est plein d'un vague souvenir;
Cette lèvre muette aspire l'avenir.
Pourquoi tarder? l'Olympe aujourd'hui me défie.

Il est temps d'évoquer la parole de vie.

Limon que Prométhée a formé de ses doigts,
Reçois encor son ame et tressaille à sa voix!
Puisses-tu, quand du jour tu verras la lumière,
Ne regretter jamais la terre nourricière,
Où, caché loin de moi, sous les pieds des ormeaux,
Tu dormais sans penser, dans les flancs du chaos!
Tous mes biens sont à toi : liberté, conscience,
Obstinés souvenirs, pleurs, aveugle espérance,
Et désirs insoumis qu'enchaîne l'univers.
Possède en même temps les cieux et les enfers.
Que de fois, dans la lutte où le monde s'élance,
Tu croiras des grands dieux égaler la puissance!
Les dieux seront vainqueurs; l'homme aura combattu.
En est-ce assez pour toi? Parle! dis! m'entends-tu?
Fille des visions, devant toi je m'incline.
Mon ame de Titan habite en ta poitrine.

HÉSIONE.

Qui m'appelle?

PROMÉTHÉE.

Un démon qui te fit de ses mains.

HÉSIONE.

Qui suis-je?

PROMÉTHÉE.

Tu seras la mère des humains.

HÉSIONE.

Ce ciel est-ce encor moi? Cette image qui passe,
Cette ombre, sous mes pieds, qui décline et s'efface,
Est-ce moi? toujours moi qui partout me poursuis?
Dans ce nuage errant est-ce moi qui me fuis?
Moi qui dans l'air répands cette ame matinale?
Moi, dans ce long soupir que chaque chose exhale?

PROMÉTHÉE.

Tu n'es pas seule au monde.

HÉSIONE.

Une voix! une voix
Des roseaux s'échappant a grandi dans les bois...
Mon oreille a saisi la parole envolée.
Loin de moi qui m'appelle? Est-ce ma voix ailée?
Est-ce la voix de l'aigle? Ou, fille du vallon,
L'haleine du torrent qui parle à l'aquilon?
Ou la voix des grands lis à la bouche argentée?
Ou l'arbre aux bras tendus?

PROMÉTHÉE.

C'est moi! c'est Prométhée!

HÉSIONE.

O son doux à l'oreille! ô Terre! si c'est toi,
Si c'est toi, ciel ouvert, qui t'abaisses sur moi,

Mon oreille t'écoute et déjà mon œil t'aime.
Où courir? où rester? où me chercher moi-même?
Si c'est toi, vaste mer, autre ciel sans repos,
Reçois-moi dans ta source, ainsi qu'un de tes flots,
Et redis-moi mon nom.

PROMÉTHÉE.

Ton nom est Hésione.

HÉSIONE.

Et le tien : Prométhée? Est-il vrai?... Je frissonne.
D'un autre nom que moi pourquoi t'appelles-tu?
N'es-tu pas sur mon front le rayon descendu,
Ma voix qui me répond, mon ame, mon génie,
Des mots aux ailes d'or l'invisible harmonie?
Si mon œil peut te voir et ma main te toucher,
Parle! dis-moi comment, où faut-il te chercher?

(Elle pose un doigt sur ses lèvres.)

Prométhée est-il là quand ma lèvre s'agite?
Dans le cœur d'Hésione est-ce lui qui palpite?
Vagues ressouvenirs d'un monde qui n'est plus,
Dans ce sein froid encor pressentimens confus,
Êtes-vous Prométhée?

PROMÉTHÉE.

Il est là sous la nue.

HÉSIONE.

Faut-il fuir ou rester? Frayeur! joie inconnue!
Je te vois, si le jour n'abuse pas mes yeux.
Ton front, comme le mien, se lève vers les cieux,
Et ta lèvre connaît, quand ton esprit la guide,
Des sons pareils à ceux dont ma lèvre est avide.
De ton ame d'abord mon ame se nourrit ;
Un monde, en t'écoutant, est né dans mon esprit.

PROMÉTHÉE.

Au milieu de ton cœur c'est l'ardente pensée
Que déjà, sous l'argile, à longs flots j'ai versée.

HÉSIONE.

Tes cheveux sur ton cou respirent; et les miens,
Par le vent caressés, vivent comme les tiens.
L'espérance pour moi jaillit de ta paupière.
Est-ce à toi qu'appartient ce globe de lumière,
Œil des cieux qui régit l'univers d'un regard?
Jusqu'au fond de mon cœur il a plongé son dard.
Est-ce toi, dans tes mains, qui possèdes la vie,
Le doux présent du jour, le parfum d'ambroisie,
Que chaque créature aspire en s'éveillant.
Heureuse sur ton front l'étoile d'Orient!
Car tout rit en naissant... Mais toi, qui t'a vu naître?
Quelle argile est ta mère, et qui donc est ton maître?

PROMÉTHÉE.

Tout obéit aux dieux. D'un pli de leurs sourcils
Ils ébranlent le monde.

HÉSIONE.

Et les dieux, qui sont-ils?

PROMÉTHÉE.

Mes rivaux, mes vainqueurs que leur victoire enivre,
Mes ennemis, les tiens, si tu consens à vivre.
Avant que d'accepter de ma fragile main
Le breuvage de vie en sa coupe d'airain,
Apprends ce qu'aux mortels il en coûte de naître :
Le travail, la douleur, le désespoir peut-être ;
Car tu ne vivras pas comme vivent les fleurs,
Qui, pleurant sans amour, ne sentent pas leurs pleurs.
Dans tes bras de géante, où dorment les chimères,
D'abord tu berceras les peuples éphémères ;

PROMÉTHÉE.

Tu nourriras de lait les cités aux berceaux,
Mais tes larmes bientôt coulant en longs ruisseaux,
C'est toi qui gémiras sur la première tombe;
Jamais le doux sommeil de la douce colombe
Ne fermera tes yeux; mais, dans ta longue nuit,
Les songes haletans que le regret conduit,
Les noirs pressentimens, fils aînés des ténèbres,
Près de toi s'assiéront sur des trépieds funèbres.
Marchant après le bœuf que presse l'aiguillon,
Tu mangeras ton pain dans un rude sillon.
Libre dans l'univers, esclave de toi-même,
Entre le ciel et moi, l'autel et le blasphème,
Tu choisiras tes dieux : tu le peux, tu le dois;
Et de ta volonté tu porteras le poids.
Écoute encor! Tes fils maudiront tes entrailles.
Avant de naître ils sont promis aux funérailles.
Jouets des demi-dieux qu'ils voudront imiter,
Trop fiers pour obéir, trop faibles pour lutter,

Des cieux, des cieux d'airain pèseront sur leurs têtes.
A l'envi, dans leurs cœurs, soulevant les tempêtes,
Sur leurs propres pensers ne régnant qu'à demi,
En eux ils trouveront leur plus grand ennemi,
Dans le chaos des sens leur ame vagabonde,
Et la borne d'argile où s'arrête le monde.
Car les dieux ont tout pris en faisant les destins;
A l'homme ils n'ont laissé que les rudes chemins,
Où trébuche, en passant, la famille des songes;
Espoirs toujours trompés, illusions, mensonges,
Voilà ce qui te reste.... Et maintenant, dis-moi,
Les dieux sont ennemis, Prométhée est pour toi.
Malgré les dieux ligués acceptes-tu la vie?
Ou, rejetant mes dons, que l'Olympe t'envie,
Veux-tu rentrer déjà dans l'éternelle nuit?

HÉSIONE.

Qui? moi? quitter le monde où ton regard me suit!

Fermer déjà mes yeux à ta douce lumière?
Où? comment? loin de toi, retourner en arrière?
Par quel sombre chemin veux-tu dans le néant
Me renvoyer?... Oh! non! sous ton ciel de géant,
Comme la fleur des bois qu'un rayon fait éclore,
Autant qu'elle, au grand jour, laisse-moi vivre encore.
J'aspire à chaque souffle un immense bonheur,
Et les cieux ébranlés descendent dans mon cœur.
Insensé qui craindrait les dons de Prométhée,
Et qui, brisant les bords de la coupe enchantée,
Refuserait sa lèvre à la source des jours!
Tout m'aime, tout me plaît et m'aimera toujours.
Salut! cieux embaumés qui venez de sourire!

PROMÉTHÉE.

Crains les cieux; trop souvent ils s'ouvrent pour maudire.

HÉSIONE.

Salut! mer transparente aux longs cheveux d'argent!

PROMÉTHÉE.

Sa promesse est trompeuse et son flot est changeant.

HÉSIONE.

Mais la terre est propice. O vallons! ô montagnes!
Ruisseaux, grottes, salut! Et vous, fleurs, mes compagnes,
Aisément je me fie aux mêmes cieux que vous.
Pourquoi craindre les cieux? Prométhée est pour nous.
Craignez-vous en naissant la féconde rosée,
Et du père des jours la paupière embrasée?
Sur vos tiges déjà voudriez-vous mourir?
Oh! dites, qu'il est doux de vivre et de fleurir,
Qu'auprès de la colombe il me reste une place,
Que la mousse des bois tressaille quand je passe.
Mon cœur, comme une source, a jailli sous les cieux.
De cette onde aux flots purs j'abreuverai les dieux.
Où sont-ils? Comme moi sortent-ils de l'argile?

PROMÉTHÉE.

Ils m'aimeront aussi quand ma lèvre docile,
Comme un frêle roseau que le vent fait trembler,
D'un nom mystérieux saura les appeler.
Car du roseau penché qui murmure au rivage,
Déjà ma lèvre sait imiter le langage,
Quand, cherchant sur mon sein mes cheveux essuyés,
Comme un jeune chevreau la mer lèche mes pieds.

II.

Le volcan de Lemnos. Prométhée s'avance sur les cendres refroidies au pied du volcan. Deux flots de lave coulent du cratère. L'intérieur de la montagne retentit du bruit d'une éruption. Le chœur des cyclopes paraît sur la cime au milieu des flammes.

PROMÉTHÉE.

La nuit a tressailli sous ses voiles funèbres ;
Et deux serpens de feu nourris dans les ténèbres,
Du fond du noir cratère, exhaussés hors du nid,
Trempent dans le volcan leurs bouches de granit.
Des cyclopes boiteux j'entends le chœur sauvage.

LE CHOEUR DES CYCLOPES.

Divins ouvriers, à l'ouvrage!
Au bruit cadencé des marteaux
Forgeons la foudre pour l'orage;
Allons! sous la dent des étaux
Broyons la veine des métaux.

La noire forge est allumée;
Et la gueule ardente des monts
A vomi son flot de fumée.
Que le soufflet des forts démons
De vent gonfle encor ses poumons!

Entendez-vous sa longue haleine?
Suspendez vos coups un moment.
De lave la chaudière est pleine;
Assez! du chaos en ferment

Écoutez le gémissement.

Tout éclate, tout s'embrase ;
La montagne sur sa base
S'est renversée ; elle écrase
La poitrine des Titans.
Le granit fond et ruisselle ;
L'immense enclume étincelle ;
Le vieil univers chancelle
Sous les marteaux haletans.

Il périt, mais il nous brave ;
Enchaînons ce monde esclave ;
Conduisons les flots de lave
Jusqu'au sein des flots amers.
Sur les flancs du promontoire,
Qu'elle brille, en la nuit noire,
Comme un dragon qui va boire

Dans le calice des mers.

Qu'elle étreigne sans murmure
Les géans dans leur armure;
Dans leurs cités, qu'elle mure
Tout un peuple souterrain.
Voyez-la, de cime en cime,
Qui, du temps bravant la lime,
Sur les lèvres de l'abîme
Déjà scelle un sceau d'airain.

L'airain bout dans le cratère.
Mêlez l'ardente matière
En plongeant dans la chaudière
Un long pin déraciné.
Déjà, sous mon souffle aride,
L'océan de feu se ride;
Versez le bronze liquide

Dans le moule calciné.

Des dieux fondons la cuirasse ;
Qu'un dur acier les embrasse
Pour émousser la menace
D'un invincible avenir.
A des dieux privés d'armures
Tous les coups sont des blessures ;
Couvrons d'acier leurs ceintures ;
Les dieux ont peur de mourir !

PROMÉTHÉE.

Des bords de la fournaise approchons davantage.
Les rochers calcinés que le marteau partage,
Pleuvant dans le chaos, s'entr'ouvrent sous mes pas.
Le ciel tremble.... Avançons ; mon cœur ne tremble pas.

O dieux de l'avenir, qui dormez à cette heure,

Qui régnerez plus tard, quand de votre demeure,
Arrachant au passé son diadème impur,
Vous sortirez vêtus de lumière et d'azur,
Couvrez-moi de votre ombre ainsi que d'une égide.
Que toujours, devant moi, votre esprit soit mon guide!
Soit que vous habitiez, par delà l'univers,
Des mondes incréés les fertiles déserts,
Soit que vous remplissiez ma poitrine agitée,
Dieux inconnus, soyez les dieux de Prométhée.
Sur mon œuvre, sur moi, sur tout le genre humain,
Du fond de l'avenir étendez votre main.

(Après un silence.)

Mon œuvre! ah! je le sais, il y manque la flamme,
Secret des tout-puissans et symbole de l'ame.
Mais je touche au foyer de la création;
A l'âtre du chaos dérobons un tison.

Des cyclopes déjà je vois l'œil qui pétille;

Sous leurs coups c'est en vain que la terre vacille,
Comme un thyrse enivré des raisins de Bacchus.
Des démons irrités ne m'épouvantent plus.
Voyons, quand du chaos le courroux se ranime,
Lequel se lassera : Prométhée ou l'abîme?
Affronter l'impossible et provoquer les cieux,
Et mesurer mon ame avec l'ame des dieux;
Ébranler le Destin sur son antique base,
Combattre sans espoir, mépriser qui m'écrase,
C'est mon plus grand plaisir; je ne m'en défends pas.

(Il approche du cratère.)

CHOEUR DES CYCLOPES.

N'attisez plus l'incendie;
La cuirasse refroidie
Est prête pour les combats;
Sans cette armure enfumée,
Tout géant devient pygmée;

Les dieux dorment; parlez bas.

PROMÉTHÉE.

Déjà des immortels la colère est lassée;
La mienne plus long-temps fermente en ma pensée.
Oh! malgré votre foudre et votre inimitié,
Grands dieux! dieux tout-puissans! vous me faites pitié!
Rien n'égale à mes yeux votre immense misère;
Froidure, ardens soleils, pluie, aquilons, poussière,
Tout vous blesse et vous nuit, et rien ne vous défend.
Un roseau fait pencher votre front triomphant.
Vous vivez de fumée, ô pasteurs des nuages!
Vous vieillissez d'avance en lisant les présages.
Point de lieu qui ne soit marqué pour vos débris.
En vain vous remplissez l'univers de vos cris,
Vous mourez dans chaque être. Et, pour vous, qui s'agite?
Quel insecte rampant s'informe, dans son gîte,
S'il est encor des dieux, ou s'ils sont au tombeau?

Quel astre pour briller attend votre flambeau?...
Vous-mêmes, que de fois, au milieu de vos fêtes,
Vous sentant défaillir, vous doutez si vous êtes!
Allez! rêves d'une ombre! une ombre vous fait peur.
Votre pourpre enlevée, il reste une vapeur.
Dans un ver, un ciron, votre ame est absorbée;
Et j'écrase en passant Jupiter-Scarabée!

CHOEUR DES CYCLOPES.

Dans ses gouffres murmurans
L'abîme en grondant s'épuise.
De la cendre que j'attise
Jaillissent des feux mourans.
Le chaos rentre dans l'ombre;
La nuit trempe une aile sombre
Dans la source des torrens.

Sur la froide enclume

Le marteau languit ;
Le feu se rallume ;
Il s'éteint sans bruit ;
Des hiboux myopes
La troupe s'enfuit ;
Le chœur des cyclopes
S'endort dans la nuit.

PROMÉTHÉE, sur la cime du volcan.

Oui, dormez ; moi, je veille.... Aux lèvres du cratère
La vie abonde ;... ici je touche le mystère.
Plongé tout haletant dans les feux de Lemnos,
Voyons enfin de près les secrets infernaux,
De l'immortalité le tison qui flamboie,
Et le vide atelier où le cyclope broie
Dans un creuset d'airain un avenir d'airain.
Pour tirer du néant un pire lendemain,
Près de l'âtre voici les divines tenailles.

Ici gronde la forge aux ardentes entrailles,
Où des astres maudits s'allument les essieux.
Voilà l'enclume d'or d'où jaillissent les cieux.
Étincelles qu'un souffle au foyer peut reprendre,
Les soleils assoupis couvent là sous la cendre....

(Il soulève un des marteaux des Cyclopes.)

D'un coup de ces marteaux, si moi-même, à mon tour,
Pour des astres meilleurs je préparais le jour!
Penché comme les dieux sur l'immense chaudière,
Dans mon urne mêlant l'esprit et la matière,
Comme eux, si je pouvais faire un monde à mon gré,
Insondable, infini, de justice altéré;
Non point tel que les cieux que mon regard mesure,
Qui changent à toute heure et passent sans murmure,
Mais qui, toujours de l'ame empruntant sa clarté,
D'un éternel azur vêtit l'éternité!

(Il se penche sur le bord du cratère.)

Vision d'un Titan sur le bord de l'abîme!
Demi-création qui me pèse et m'opprime!
Liberté! providence! humanité! vains mots!
Amour que j'entrevois au foyer du chaos!
Avenir! avenir! pourrai-je avec la flamme
Vous puiser sous la cendre et dérober votre ame?

(Il puise le feu dans un vase.)

Oui, je l'ai dérobée;... au fond du vase d'or,
Palpitante elle vit et se propage encor.
O monts, premiers autels! fleurs des bois! onde émue!
Insectes sous la mousse, étoiles sous la nue!
Mondes! soyez témoins! votre ame m'appartient.
Entre ses flancs étroits ce vase la contient.
Captive, tout l'émeut; sitôt que je respire,
Tremblante elle obéit, et s'enfle ou se retire,
Comme une onde sacrée et puisée au torrent,
Dans l'urne s'attiédit ou croit en murmurant.

PROMÉTHÉE.

Je puis à qui je veux la livrer enchaînée;
Au foyer la prêter pour une heure, une année;
Aujourd'hui la donner, la reprendre demain;
A longs flots l'amasser, l'épuiser de ma main;
Et sans tarir les flancs de mon urne féconde,
De ses feux embraser un monde après un monde.

(Il descend du sommet du volcan.)

Je possède la source où s'amassent les jours,
Et des cieux à venir les divines amours.
Emportons le foyer conquis par un blasphème,
Dût-il, en grandissant, me dévorer moi-même!

III.

PROMÉTHÉE, HÉSIONE.

HÉSIONE.

Où donc es-tu? J'arrive à l'écho de ta voix.
Captif entre tes mains, est-ce un dieu que je vois?
Par quels enchantemens as-tu pu le surprendre,
Et du sommet des cieux l'obliger à descendre?
C'est un puissant démon qui s'irrite aisément;
Il éblouit mes yeux des feux du firmament.
Le faut-il adorer?

PROMÉTHÉE.

Il n'est pas ce qu'il semble,
Et déjà dans mes mains le dieu pâlit et tremble.

HÉSIONE.

Ne crains-tu pas qu'un jour, brisant l'urne aux flancs d'or,
Vers des cieux courroucés il ne remonte encor?

PROMÉTHÉE.

Non, non, il t'appartient. De ton souffle il s'anime ;
Pour toi je l'ai puisé dans les flancs de l'abîme.
(Il lui présente l'urne.)
Voilà de tes travaux le muet compagnon,
Et l'esclave divin des enfans du limon.
Soit qu'au seuil allumant ta lampe solitaire,
La nuit file pour toi ses heures de mystère,
Soit que dans les forêts, invincible torrent,

L'incendie, à longs flots, se propage en courant,
Tu possèdes des cieux l'étincelle féconde;
Tes fils pourront changer la figure du monde;
Les jours, l'un après l'autre, en sortant du chaos,
Dès demain prendront tous des visages nouveaux.
L'éternité, debout sur son char de lumière,
Pour toi va commencer sa mobile carrière.

HÉSIONE.

Mais le dieu se dissipe ainsi qu'une vapeur.

PROMÉTHÉE.

Tu peux le ranimer d'un souffle de ton cœur.

HÉSIONE.

Mais si déjà dans l'air la flamme est envolée?

PROMÉTHÉE.

Poursuis la feuille errante à travers la vallée.

Du chêne aux mille bras, desséché par les ans,
Hâte-toi de cueillir les rameaux blanchissans.
Comme au fond de ton sein tu recueilles ton ame,
Apprends, au fond de l'âtre, à recueillir la flamme.
Viens! construis le foyer pour la première fois.

HÉSIONE.

Voilà! J'ai poursuivi la feuille au fond des bois.
Mon souffle t'obéit, et la flamme bleuâtre
Déjà siffle et se tord comme un serpent dans l'âtre.
O prodige! Sitôt que le foyer a lui,
Chez les dieux souterrains les ténèbres ont fui.

PROMÉTHÉE.

Que ce chêne géant, allumé par le faîte,
Soit le premier flambeau de la première fête!
D'un festin de Titans assemblons les apprêts.
Aux roses marions les pampres des forêts.

PROMÉTHÉE.

Fais tiédir dans l'airain le vin, le lait et l'onde;
Enduis de miel mon vase, où l'amertume abonde.
Les convives sont prêts.

HÉSIONE.

Qui sont-ils?

PROMÉTHÉE.

Les humains.
Je convie au banquet les œuvres de mes mains,
Les mortels ébauchés et le peuple fragile
Qui, sommeillant encor dans la vivante argile,
N'attendent pour sortir que l'ame du foyer.
Convives du néant, sortez de l'atelier!...
Venez vous réchauffer au feu de Prométhée!

(Les premiers hommes sortent peu à peu de leurs retraites.)

HÉSIONE.

Que vois-je? Des vallons, de la grotte écartée,
De l'ombre des forêts, des entrailles du mont,
Sortent, silencieux, des hôtes de limon.
A pas lents, et n'ouvrant qu'à moitié leur paupière,
Ils approchent de l'âtre et cherchent la lumière.
Des vieillards devant eux portent des verges d'or,
Et du froid du néant ils frissonnent encor.

(Au chœur des hommes.)

Salut! hôtes chéris, convives d'Hésione!
Que le toit souriant à votre voix résonne!
Pendant qu'une onde tiède abreuvera vos pieds,
Parlez, d'où venez-vous? où tendent vos sentiers?

CHOEUR DES HOMMES, en murmurant.

D'où vient sous la nue

PROMÉTHÉE.

L'étoile inconnue?
D'où vient sur le mont
La paille légère?
D'où vient la bruyère?
Où va la poussière,
Fille du limon?
Quand le ver chemine,
D'où vient, dans les bois,
L'herbe qui s'incline,
Sous l'arbre aux cent voix?
D'où sortent ensemble
Le roseau qui tremble
Au souffle des vents,
Le fruit sur la branche,
L'ombre qui se penche,
L'onde qui s'épanche
Aux pieds des vivans?

PROMÉTHÉE, à Hésione.

Dans ses chaînes d'airain leur langue embarrassée
A peine balbutie, et manque à leur pensée.
Ils sont nés comme toi dans l'argile et les pleurs;
Et tous ensemble ils sont tes frères et tes sœurs.

HÉSIONE.

Comment se nomment-ils?

PROMÉTHÉE.

Sans passé, sans mémoire,
Ils ont un nom pour tous.

HÉSIONE.

De leurs barbes d'ivoire,
Laissant jusqu'à leurs pieds se répandre les flots,
Les vieillards, pleins de jours, nés sur de noirs tombeaux,

Semblent avoir vécu des siècles en une heure.
Où vont-ils? Comme un lis que l'aquilon effleure,
Leur front pâle est courbé; mais d'où vient l'aquilon
Qui courbe les humains comme un lis du vallon?
Et de quel triste bord s'élève la tempête
Qui des ans a semé les neiges sur leur tête?

PROMÉTHÉE.

Ce rivage est la mort; tu le verras un jour.

HÉSIONE.

Les mères, le sein nu, s'éveillant dans l'amour,
Bercent les nouveau-nés qui sommeillent encore;
Et les vierges, tout bas, plus jeunes que l'aurore,
Par de secrets chemins s'approchant de mon cœur,
Parlent à mon oreille et m'appellent leur sœur.

(Au chœur des femmes)

Mes sœurs, si le foyer n'échauffe pas vos ames,

Je nourris dans mon sein de plus ardentes flammes.
Déjà je sais des mots que les cieux m'ont appris,
Et qui d'un feu divin embrasent les esprits.

CHOEUR DES FEMMES.

L'étincelle agile
Pénètre l'argile.
Nous sentons le ciel.
L'enfant se réveille;
Sa lèvre vermeille
De la jeune abeille
A sucé le miel.
O joie éternelle!
Il prend la mamelle;
Du lait qui ruisselle
Il nourrit sa faim.
Dans la coupe neuve
De pleurs il s'abreuve

En mordant le sein.
Soudain il frissonne,
Et l'écho résonne
A son premier cri.
Mais quoi ! L'hirondelle
Le frappant de l'aile,
Ses pleurs ont tari ;
Sa langue bégaie.
Son ombre l'effraie ;
Un roseau l'égaie ;
Et l'homme a souri !

PROMÉTHÉE.

Enfans, vierges, vieillards, ils ont tous un même âge,
Hier ils n'étaient pas.

HÉSIONE.

Se voilant le visage,

Ceux-là tentent des cieux les abîmes profonds.
Pourquoi d'une tiare as-tu chargé leurs fronts?
Des yeux que cherchent-ils? La nuit les environne.

PROMÉTHÉE.

Ils vont chercher des dieux.

HÉSIONE.

Déjà, sous leur couronne,
Ceux-là marchent pliés comme sous un fardeau.
Ah! pourquoi sur leurs yeux as-tu mis ce bandeau?
Et quel est, dis-le-moi, le nom dont tu les nommes?

PROMÉTHÉE.

Tu vois en eux les rois, les conducteurs des hommes,
Appuyés en marchant sur leurs sceptres d'airain,
Aux empires futurs ils ouvrent le chemin.

CHOEUR DES ROIS.

Dans la voie aride,
Nous errons sans guide ;
Le sceptre est pesant.
Où donc est la voie
Qui mène à la joie
Les fils du néant ?

Des larmes amères
Aveuglent nos yeux.
Rois des éphémères,
Où sont nos aïeux ?

Heureux dans la foule
Le flot qui s'écoule ;
Il paît les roseaux.
Pasteurs d'un empire,

Dans quel champ conduire
Nos rudes troupeaux?

HÉSIONE.

Dans la foule, quels sont ceux qui portent la lyre?
Ils effleurent la terre, et la terre soupire.
Un invincible amour m'entraîne sur leurs pas.

PROMÉTHÉE.

Leur lyre est sourde encore et ne te répond pas.
Mais bientôt de son sein les odes éternelles,
Comme au pied de l'ormeau les jeunes hirondelles,
Pour la première fois hors du nid s'ébattant,
Sur le vaste univers s'abattront en chantant.
La lyre aux flancs dorés obéit aux prophètes;
Ils enseignent les cieux, ils mènent les poètes.

CHOEUR DES PROPHÈTES.

Vents! écoutez! sous nos doigts

PROMÉTHÉE.

Consultons les lyres;
Sur l'accord des astres-rois
Réglons les empires.

L'hymne ailé prend son essor.
Au fond des forêts sacrées,
Dans les sources azurées,
Des chants jaillit le trésor.
Allons! sur le front des sages,
Du jeune arbre des présages
Secouons les rameaux d'or.

Quand l'aube est éclose,
Qu'enseigne à la rose
L'œil cristallin du serpent?
Que dit à l'arène,
Pendant qu'il l'entraîne,
Le flot qui gronde en rampant?

Où vont les empires,
Et le son des lyres
Qu'emportent sitôt les vents?
Voici les prophètes!
Quand viendront les fêtes
Qu'ils promettent aux vivans?

Le roseau murmure;
Écoutez l'augure!
Il tremble en nos mains.
Quel est le mystère
Que le ver de terre
Annonce aux humains?

Mais quoi! sous la brise,
La corde se brise,
L'abîme a souri,

La source s'épuise,
Le chant a tari.

La lyre est sans ame,
Sans voix l'univers;
Et l'hymne de flamme
S'éteint aux déserts.

HÉSIONE.

Pourquoi donc as-tu fait les hommes si divers?

PROMÉTHÉE.

La vague est moins semblable à la vague des mers.
Leurs yeux possèdent tous l'amertume des larmes.
J'ai sur leurs songes d'or jeté les mêmes charmes;
Et comme un diamant qui grossit sous les eaux,
L'espérance est cachée au fond de tous leurs maux.

Pour moi je n'ai gardé que la triste science
Qui lit dans l'avenir.

HÉSIONE.

Eh quoi! ce peuple immense
Connaît en s'éveillant les larmes comme moi!
Une ame vit dans tous, et cette ame est à toi!
Oh! que d'hommes germaient avec moi sous la terre!
Chaque vierge est ma sœur et chaque homme est mon frère!
Et tous ceux que je vois sont sortis de tes mains!

PROMÉTHÉE.

Une même famille unit tous les humains.

HÉSIONE.

Frères! vous l'entendez, votre sœur vous appelle.
Souriez! Tout est prêt. Voyez! l'aube étincelle.
Les rois ornent le seuil, les vieillards le foyer,

Les myrtes le vallon, les vierges le sentier;
Surtout dans le berceau l'enfant orne la mère.

CHOEUR DE TOUS LES HOMMES.

>Où fuir du soleil
>L'ardente lumière?
>Fermons la paupière,
>Cherchons le sommeil.
>Le ciel nous menace;
>Sans laisser de trace,
>Notre ombre, qui passe,
>Gémit et s'efface
>Sous le flot vermeil.
>Des fruits de la terre
>L'écorce est amère;
>La froide vipère
>Rit sous le gazon.

Versé goutte à goutte,
L'avenir, sans doute,
Recèle un poison.

HÉSIONE.

Que craignez-vous? Venez! Quand le ciel vous écoute,
Pourquoi murmurez-vous, plus tristes que les vents?
Pour vous j'ai préparé le banquet des vivans.
Avant vous, dans sa fleur, j'ai goûté l'espérance.
Elle a rempli mon cœur d'une heureuse abondance.

(Elle leur présente la coupe.)

D'amour abreuvez-vous dans le vase de miel.
Ah! la terre est bénie autant que l'est le ciel!
Tendez vos pâles mains au foyer qui flamboie.
Le foyer rit. Voyez! tout est parfum et joie.
Touchez ce rameau d'or; il écarte le deuil.
Avec moi, du néant osez passer le seuil.

PROMÉTHÉE.

PROMÉTHÉE.

Premiers nés du limon, voici le pain de vie.
Répondez! A parler votre hôte vous convie.
Je vous ai tout donné, la vague immensité,
Le feu, père des arts, fils de la liberté,
Des soleils renaissans les éternelles fêtes,
Mon souffle dans votre ame, et le ciel sur vos têtes,
Hésione pour sœur, les Titans pour aïeux.
Que vous faut-il encore?

CHOEUR DES HOMMES.

Ah! donnez-nous des dieux!

IV.

Les cyclopes se réveillent sur le sommet du volcan de Lemnos.

CHOEUR DES CYCLOPES.

La flamme immortelle est ravie;
Au loin, sur ses fumans essieux,
S'élance le char de la vie.
La terre possède les cieux.
Un autre univers se révèle;
Dans l'ame a jailli l'étincelle
D'où sortiront des jours nouveaux.
Autour du foyer qui pétille,

Déjà la première famille
Se réchauffe au seuil du chaos.

Les cieux enfantent la mémoire;
Et des prophètes révérés
Ébranlent, sur leurs gonds d'ivoire,
Les portes des hymnes sacrés.
Devant eux le noir encens fume;
Et de la lampe qui s'allume
Se réjouissent les autels;
Les dieux s'entourent de murailles;
Mais la torche des funérailles
Brûle aussi pour les immortels.

Comme des oiseaux de passage,
Vers le temps des migrations,
Au premier souffle de l'orage
Où se hâtent les nations?

PROMÉTHÉE.

Les chênes sacrés prophétisent,
Les aiglons divins sibyllisent
Sur le front des peuples épars;
Et la cité qui vient d'éclore,
Des vagissemens de l'aurore
Remplit l'antre des léopards.

Au sein des forêts éternelles
S'enracinent les pieds des tours;
Au flanc des monts, les citadelles
Montent jusqu'au nid des vautours.
Un marteau d'airain se soulève;
L'homme a forgé le premier glaive;
Des héros s'allument les fronts;
Et les nations éperdues,
Comme des armes suspendues,
Frémissent aux cris des clairons.

Sur le foyer, onde écumante,
Dans l'enceinte ardente des lois,
La foule s'agite et fermente
Sous le sceptre doré des rois.
En grandissant, l'esprit de l'homme
Veut posséder tout ce qu'il nomme;
Il refait l'œuvre des géans;
Des cieux il change le mystère;
D'un mot il déplace la terre
Sur les épaules des Titans.

Hôte inquiet, partout il sonde
L'abîme où s'endorment les dieux;
Lui-même il détruit ce qu'il fonde;
La mort entre dans tous ses jeux.
Dans chaque état il vit une heure,
Et toujours changeant de demeure,
Il laisse après lui les déserts.

Pour le suivre, le temps mobile
Renverse de ses bras d'argile
Les vieux piliers de l'univers.

Au chant cent fois repris des éternelles lyres,
Les siècles faits de bronze emportent les empires
    Dans un des plis de leurs manteaux.
L'un l'autre se heurtant au seuil de la nuit sombre,
Les peuples sous les dieux retentissent dans l'ombre,
    Comme le fer sous les marteaux.

Du milieu des cités le concert qui s'élance
Des premiers jours du monde a rompu le silence;
    Les rois instruisent le néant.
Les cieux sont abaissés devant la créature;
Des empires détruits l'imbécille murmure
    Couvre la voix de l'Océan.

Sous la rame d'argent la vague est profanée;
Le noir vaisseau commande à la mer indignée.
    Du coursier se forge le frein.
Le Lycée a perdu sa sainte solitude;
Et l'univers muet, réduit en servitude,
    S'agite sous un joug d'airain.

Car tout cède en grondant au joug de la pensée;
Les immortels ont peur quand sa flèche est lancée;
    Tout pâlit devant sa clarté.
L'esprit souffle d'en haut plus léger que la brise;
Plus puissant qu'un cyclope, en souriant il brise
    L'immuable fatalité.

Détaché des liens d'un destin immobile,
Le monde se confie à des maîtres d'argile,
    Et court au-devant d'autres cieux.
Loin de sa vieille orbite, amassez-vous, orages!

PROMÉTHÉE.

Il part, vaisseau bercé sur le roulis des âges,
    Pour aborder chez d'autres dieux.

Mais nous, qu'un lien d'or dans Lemnos emprisonne,
Nous, enfans du passé, que le présent étonne,
    Ne quittons pas l'antique bord.
Errans sur les sommets où Jupiter commande,
D'un œil de feu suivons l'avenir qu'il gourmande.
    L'homme et le dieu sont loin du port.

DEUXIÈME PARTIE.

PROMÉTHÉE

ENCHAINÉ.

> Les croix du Caucase.
> TERTULLIEN.

PERSONNAGES.

PROMÉTHÉE.
NÉMÉSIS.
HÉSIONE.
UN DIEU.
L'OCÉAN.
CHŒUR DE CYCLOPES.
CHŒUR DE SIBYLLES.

I.

Les cyclopes entraînent Prométhée sur le sommet du Caucase.

NÉMÉSIS, LE CHOEUR DES CYCLOPES, PROMÉTHÉE.

NÉMÉSIS.

Cyclopes, arrêtez! Au bord du précipice,
Le destin a marqué ce lieu pour le supplice.
Voici le noir abîme où finit l'univers;
Jamais regard mortel n'a souillé ces déserts.
Entendez-vous le cri que la nuit vous renvoie?
C'est le cri du vautour qui demande sa proie.

Démons, que tardez-vous? Il est temps d'attacher
Cet ami des humains aux flancs de son rocher.
Il a ravi la flamme, honneur de la fournaise;
De l'antique destin la puissance lui pèse;
A des peuples d'argile il a livré le ciel;
Hâtez-vous de clouer ce dieu sur son autel.
Les douze Olympiens vous parlent par ma bouche.

UN CYCLOPE.

J'obéis; et pourtant sa souffrance me touche;
Car qui saura jamais ce qu'avant de mourir
Un dieu crucifié sur l'autel doit souffrir?
Pour plaire aux dieux nouveaux faut-il des déicides?

NÉMÉSIS.

Dans l'abîme j'entends le fouet des Euménides.
Va! Cyclope, prends garde aux maîtres des enfers;
Mets un frein à ta langue, et rive-moi ces fers.

LE CYCLOPE.

Ah! mon bras t'obéit, si ma langue murmure.
Du Titan, malgré moi, j'ai scellé la ceinture;
D'un lien préparé dans les feux de Lemnos
Deux fois j'ai sur son cœur resserré les anneaux.
Ses deux bras étendus sont cloués sur le faîte.
Sous ses pieds enchaînés s'amasse la tempête.

NÉMÉSIS.

Avant l'éternité cet anneau peut s'user.

LE CYCLOPE.

Tous les dieux réunis ne pourraient le briser.

NÉMÉSIS.

Des métaux les plus durs épuise ici la veine.
Replie autour du cœur cette infernale chaîne;

Combien durera-t-elle?

LE CYCLOPE.

Autant que Jupiter.

NÉMÉSIS.

Mais l'orgueil du géant, qui saura le dompter?
Dans quel lien de bronze emprisonner cette ame?
Cyclopes, dites-moi, dans quelle ardente flamme
Forgez-vous à l'esprit des entraves d'acier?
Par quel art enchaîner dans leur libre sentier
L'espoir, au front doré, qu'accompagnent les songes,
Des pensers d'avenir les superbes mensonges,
Les souvenirs, les vœux qui ne dorment jamais,
Et les désirs ailés sur de trompeurs sommets?
Sous quel joug pliez-vous l'altière intelligence,
Qui, dans cet immortel, se nomme providence,
Et qui, des cieux nouveaux attisant le foyer,

A déjà du vieux monde ébranlé le pilier?

LE CYCLOPE.

Vois! nous avons lié le dieu sur le Caucase;
Pour asservir ses flancs sous le faix qui l'écrase.
Aux marteaux de Lemnos tu peux te confier,
Mais à clouer cette ame et la crucifier
Ne songe pas! L'esprit lui-même se délie;
Contre ses fiers pensers l'airain s'émousse et plie.

NÉMÉSIS.

Resserre autour du front ces nœuds de diamant.

LE CYCLOPE.

L'esprit mal enchaîné les dénoue aisément.
En vain des liens d'or attachés à la pierre
Du Titan retiendraient la langue prisonnière,
Ses désirs, comme un chœur de rebelles démons,

Libres iraient flotter sur la cime des monts.
Son ame, sans parler, peuplerait l'étendue,
Et son rêve superbe enflerait chaque nue.

NÉMÉSIS.

Voilà toute ma crainte et ma seule douleur :
Tant qu'un penser survit dans les plis de son cœur,
Tant qu'un seul souvenir, habitant sa poitrine,
Subsiste, malgré toi, debout sur sa ruine,
Les cieux sont mal assis, et je crains l'avenir.
Au moins ne peux-tu pas détruire un souvenir?

LE CYCLOPE.

Sur ses pôles plutôt j'ébranlerais le monde.

NÉMÉSIS.

Des sages de Lemnos, ô science féconde!

LE CYCLOPE.

Je courbe les métaux, l'or, le cuivre et l'airain;
Mais je ne puis courber une ame sous ma main.

NÉMÉSIS.

Cyclope, c'est assez! Va! ton œuvre est finie;
Sur tes pieds inégaux repose ton génie;
Car des dieux prévoyans voici le noir vautour.
Sous son aile de bronze il dérobe le jour.
Sur sa proie il s'abat; il la couve d'avance;
Il cherche au fond du cœur l'invisible espérance.
Regarde! Apprends de lui, pour contenter le ciel,
Comment on peut dompter un esprit immortel.

LE CYCLOPE.

Les dieux sont sans pitié quand ils viennent de naître.

NÉMÉSIS.

Les dieux sont tout-puissans et t'entendent peut-être.

LE CYCLOPE.

Qu'est devenu Saturne, à la barbe d'argent?
Les jours coulaient en paix sous son règne indulgent.

NÉMÉSIS.

Prends des pensers nouveaux dans un nouvel empire.

LE CYCLOPE.

Sous des maîtres nouveaux tout s'altère et s'empire.

NÉMÉSIS.

Quand Saturne est vaincu, partage le butin.

LE CYCLOPE.

Qui? moi? changer d'autel quand change le destin?

PROMÉTHÉE.

NÉMÉSIS.

Vertu de l'âge d'or!

LE CYCLOPE.

Siècle enfant du blasphème!

NÉMÉSIS.

Jupiter seul est libre.

LE CYCLOPE.

Il ne l'est pas lui-même.

NÉMÉSIS.

Hé! cervelle d'airain! oracle du passé!
Va! prophète boiteux, les cieux t'ont devancé,
Ta sagesse immobile amuserait notre âge.

(La terre engloutit les Cyclopes.)

Retourne dans Lemnos visiter ton ouvrage.

(A Prométhée.)

Mais toi, qui dans ton sein possèdes l'avenir,
Le présent trop étroit ne peut te contenir.
Pasteur des songes d'or et dieu des éphémères,
Convoque autour de toi la troupe des chimères.
Sur ton vaste trépied, qui supporte le ciel,
Prophétise des jours d'or, de lait et de miel.
Gonfle ton sein d'orgueil; souris à qui t'opprime;
Renais sous le vautour, messager de l'abîme;
Et si tu veux encor, pour délier tes mains,
Appelle à ton secours tous les pâles humains.

II.

PROMÉTHÉE, seul.

O terre! vents ailés, conducteurs des orages!
Sources des flots amers, monts vêtus de nuages,
Fleuves! et toi, soleil, qui vois tout sous les cieux,
Oh! voyez ce qu'un dieu peut endurer des dieux!
Dites si la victime au temple est assortie;
Le temple est l'univers, Prométhée est l'hostie,
Et Jupiter tyran le sacrificateur.
Au supplice divin je présente le cœur.

Jupiter, nourrisson de la chèvre Amalthée,
Sur les monts a cloué les pieds de Prométhée.
Je le sais. Qui le nie? Oh! puissent dans mon sein,
Par avance, tarir les pleurs du genre humain!
L'herbe sèche est livrée aux fureurs de la flamme :
Puisse ainsi la douleur s'assouvir sur mon ame,
Et les maux à venir, que de loin je prévois,
Contre moi réunis, se hâter à ma voix!
Je suis content; j'ai fait ce que je voulais faire.
Mon œuvre parlera si mon cœur doit se taire.
Dieux sourds, voyez! je ris; que sert de m'en cacher?
Car, de ces mêmes mains qu'enchaîne le rocher,
Tout un monde est sorti qui vous hait et qui m'aime.
Peuples, tribus, cités, filles du diadème,
Espérances, désirs qui repoussent le frein,
Est-ce trop les payer de ces deux clous d'airain!
Non, non, je le veux bien, serrez encor ces chaînes;
S'il se peut, j'y consens, inventez d'autres peines.

PROMÉTHÉE.

Je suis content, vous dis-je; et des Olympiens
Je reconnais ici la marque à ces liens.
O supplice éternel! éternité de vie!
O douleur! ô plaisir que le vautour m'envie!

III.

PROMÉTHÉE, L'OCÉAN.

PROMÉTHÉE.

Quel souffle a fait trembler la source au fond des bois?
Dans mille bruits confus je distingue une voix,
Non pas la voix de l'homme aux pures harmonies,
Dont le cœur fait vibrer les cordes infinies,
Mais sans ame, enchaînée aux pensers des roseaux,
Et traînant avec soi l'impur limon des eaux,
La voix de l'Océan qu'apportent les orages.

(A l'Océan.)

Père des flots amers, du fond de tes rivages,
Que me vient annoncer ta langue de Titan?

L'OCÉAN.

C'est pour toi que s'émeut l'ame de l'Océan.
Le rocher le plus dur cède à ma longue étreinte.
Oh! gémissons ensemble; et que puisse ma plainte
Du destin amollir les inflexibles lois!
Que tes fers sont pesans!

PROMÉTHÉE.

Va! les maux que tu vois
Sont les moindres de tous; car, semblables aux vôtres,
L'œil peut les mesurer.

L'OCÉAN.

En est-il encor d'autres
Que les yeux ne voient pas et qu'on ne peut toucher?

Où sont-ils donc?

PROMÉTHÉE.

Écoute! Au flanc de ce rocher,
De ce mont de douleur mon flanc use la pierre,
Et du vautour repu la nuit clôt la paupière.
Mais dans un cœur meurtri les désirs invaincus,
Mais les rêves trompés qui ne s'endorment plus,
Mais l'orgueil, mais l'espoir, imprévoyant mensonge,
Le regret affamé qui lui-même se ronge,
Surtout le souvenir qui renaît chaque jour,
Ah! dans mon sein, voilà, voilà le vrai vautour;
C'est lui qui sur mon ame étend une aile noire,
Et qui, jamais repu, ne se lasse de boire
Au fond du cœur tari les invisibles pleurs.

L'OCÉAN.

Les dieux ont pour toi seul inventé ces douleurs.

Que m'épargne le ciel, et ton rire et ta joie,
Et ces flots d'amertume où ton ame se noie !
Mais pour te consoler, que peuvent tous mes flots ?
De ces chaînes faut-il limer les durs anneaux ?
Que veux-tu que je fasse ?

PROMÉTHÉE.

                Ah ! parle-moi des hommes.
Où sont-ils ? que font-ils à cette heure où nous sommes ?
Au seuil de la cité le foyer brille-t-il ?
Craignent-ils Jupiter et son épais sourcil ?
Vont-ils semer l'épi sous le soc des charrues ?
Redisent-ils mon nom ? Heureuse, dans les nues,
L'hirondelle qui passe et s'assied sur leurs toits !
A leur table nourrie elle écoute leurs voix,
Et suspend ses petits au berceau des empires.
Si je pouvais, comme elle, au chant des saintes lyres,
Voir des peuples nouveaux surgir les fondemens,

Entendre des cités les sourds vagissemens,
Toucher un sol ami, me mêler à la foule,
Suivre des nations le torrent qui s'écoule;
Pasteur, si je pouvais, debout, près du foyer,
Des vieillards saluer le sceptre hospitalier,
Et des chants du matin recueillir la rosée,
Oui, je serais heureux plus que dans l'Élysée !
Dussé-je de ces biens ne jouir qu'un seul jour,
Mon esprit à jamais bénirait ce vautour.

L'OCÉAN.

Plus changeans que mes flots, sous mon trident d'ivoire,
De ton nom les humains ont perdu la mémoire.
Onde toujours émue, ils vivent un moment,
D'écume et de vapeur se gonflent aisément,
Et d'éphémères bruits emplissent mes rivages.
J'efface, en me jouant, leurs mobiles images.
Un songe, un rien les berce. Ainsi qu'un sable impur,

Je rejette leurs vœux dans mon gouffre d'azur.
A leurs projets dorés j'oppose mes flots blêmes.
Ombres des nations, lois, prières, blasphèmes,
Et demi-dieux errans au fond des noirs vaisseaux,
Me pèsent dans l'orage autant que mes roseaux.
Cependant, à l'autel, les peuples te renient,
Et les meilleurs de tous même au foyer t'oublient.
Faut-il en dire plus? ou des maux que je sais
T'épargner le poison?

PROMÉTHÉE.

Achève! Je me tais.

L'OCÉAN.

Aux dieux tes ennemis ils portent leurs offrandes.
L'autel se couronnant de serviles guirlandes,
A l'idole affamée ils présentent le miel,
Et d'un épais encens obscurcissent le ciel.

PROMÉTHÉE.

Toujours dans le plus fort ils voient la providence :
De ton immense amour voilà la récompense.

PROMÉTHÉE.

La récompense est dure, et les flots de tes mers
Jamais n'ont amassé de poisons plus amers.
Mais les dieux, que font-ils? Dans leurs apothéoses,
N'a-t-on pas sur leurs fronts vu s'effeuiller les roses?
Sont-ils ce qu'ils étaient? plus jeunes ou plus vieux?
Et le ver du sépulcre entre-t-il dans les cieux?
Dis! parle! De leur chute est-il quelque présage?
Les douze Olympiens changent-ils de visage?

L'OCÉAN.

Heureux qui sur les dieux a fondé son appui!
Ce qu'ils étaient hier, ils le sont aujourd'hui.
Pendant que sur ton roc ce vautour te dévore,
Ils recueillent en paix les roses de l'aurore;

Sur l'ivoire, cuvant l'ivresse du nectar,
Ou penchés à demi sur l'essieu de leur char,
Ils te raillent d'en haut; et sur ton front qui plie,
De leur coupe trop pleine ils épanchent la lie.
De l'aveugle avenir, enfin, qu'espères-tu?
Les dieux possèdent tout.

PROMÉTHÉE.

Excepté l'inconnu.

L'OCÉAN.

Voilà donc quel trésor te gardent les chimères!
Oh! laisse cet espoir aux fils des éphémères.
Le présent seul est tout, et le reste n'est rien.
Les dieux sont tout-puissans dans le mal et le bien.
Adore de leurs mains l'éternelle merveille.
Au cri de la cigale ils inclinent l'oreille;
Tu devrais les prier!

PROMÉTHÉE.

Qui? moi, prier les dieux?
Autrefois je priais, quand je croyais aux cieux.
Que de fois à genoux (il m'en souvient encore)
Au pied des monts dormans que saluait l'aurore,
Effeuillant des grands lis les fronts purs et sereins,
Vers un ciel inconnu j'ai tendu mes deux mains!
Un son, une vapeur, un rayon de lumière,
Tout en moi devenait oracle, hymne, prière.
Alors, au moindre écho mon ame répondait;
Un océan d'amour de mon cœur débordait.
Sur quels sommets ombreux, dans quels arides chaumes,
Où n'ai-je pas porté mes fragiles fantômes?
Berceau des songes d'or, dis, qu'es-tu devenu?
Tout était dieu pour moi dans un monde inconnu.
J'aimais, j'adorais tout, sans choisir mon idole,
Et chaque jour au front portait une auréole.

Mais ces temps ne sont plus; d'autres jours ont suivi.
Trop souvent vers l'Olympe en extase ravi,
L'Olympe a repoussé mon crédule génie,
Et la faute est aux dieux si mon cœur les renie.
Pourquoi dans ma pensée en vain les rappeler ?
A des fantômes sourds je suis las de parler.
Le croiras-tu ? Malgré ce vautour qui me ronge,
Souvent sur ce rocher je doute si je songe,
Si devant l'avenir le présent qui s'enfuit
N'est pas un mot, un rêve, évoqué par la nuit,
S'il est vraiment des dieux, si Jupiter lui-même
N'est pas, au fond du temple, un vain nom, un blasphème,
Par l'immense univers au hasard répété,
Un faux voile étendu devant l'éternité?
Qui sait ce que demain peut enfanter la terre?
Ne me demande pas d'éclaircir ce mystère.
Mais, enfin, il suffit. Pour des cieux plus puissans,
Dans le fond de mon cœur, je garde mon encens.

L'OCÉAN.

Ainsi, pour l'avenir, thésaurisant d'avance,
La pâle illusion fait toute ta science.
Ces clous d'or et d'airain ne t'ont rien enseigné.
Le ciel eût pu t'aimer, mais tu l'as dédaigné.
Tout croit à Jupiter, les cieux, la terre, l'onde.
Insensé ! Penses-tu, plus sage que le monde,
Toi seul avoir une ame et des yeux pour tout voir ?
Dis-moi ? Que t'a servi ton sublime savoir ?
A-t-il pu seulement dénouer cette chaîne ?
Ah ! loin des visions où l'avenir t'entraîne,
Sous le joug du plus fort ramène tes esprits.
Jupiter te vendra le repos à ce prix.
Vois ! sous son char poudreux les monts courbent leur faîte.
Moi-même, humiliant mon front dans la tempête,
Serpent aux mille anneaux, je rampe sous les dieux.
Veux-tu seul aujourd'hui lutter contre les cieux ?

L'univers est soumis.

PROMÉTHÉE.

       Mais non pas Prométhée.
Va ! du monde aisément la grande ame est domptée.
Toi-même, que faut-il pour enchaîner tes flots ?
Un peu de sable et d'or sur un lit de roseaux.
Qu'est-il besoin de plus ? Un zéphyr te gourmande.
A l'alcyon soumis quand ton maître commande,
Aux caprices d'en haut, toi, tu peux obéir.
Incapable un seul jour d'aimer ou de haïr,
Jamais des fiers pensers tu n'as connu l'ivresse,
Des désirs infinis la coupe enchanteresse,
Ni la félicité de n'obéir qu'à soi,
De périr dans son œuvre et d'imposer sa loi.
Moi, je connais ces biens que Jupiter réclame.
Au faîte des douleurs je règne sur mon ame.
Sous l'ongle des vautours, d'espérance enivré,

Je fais et je défais l'avenir à mon gré.
Pendant que l'univers sourit à l'esclavage,
Moi seul je reste libre; et par-delà cet âge,
De ces liens d'airain mon esprit s'affranchit,
Et voit sous d'autres dieux le monde qui fléchit.
Je foule sous mes pieds le présent qui me brave;
De ce sommet désert mon ame, sans entrave,
S'élance et se mesure avec l'immensité.
Tous les cieux sont à moi. Sublime volupté!
Mes pensers de géant, comme un chœur d'Euménides,
Loin d'ici m'emportant dans les royaumes vides,
Grandissent avec l'ombre; et quand l'horreur me suit,
J'entends mes pleurs tomber sur le front de la nuit.
J'écoute, dans mon sein, l'approche des tempêtes.
J'épie au flanc des monts le signe des prophètes;
Et sans jamais attendre ou la nue ou les vents,
Je trouve dans mon cœur des oracles vivans.
Voilà tous mes plaisirs : en as-tu de semblables?

L'OCÉAN.

Insensé! Comme une eau qui se perd dans les sables,
Sa raison s'est perdue au milieu de ses maux.

PROMÉTHÉE.

Conserve ta pitié pour tes frêles roseaux.
Ce que tu n'entends pas, tu le nommes folie;
Caressant sous la vague une ombre ensevelie,
Adore, sans penser, les dieux que tu connais.
Ils plaisent au limon; le limon les a faits.
Pour la dernière fois nous conversons ensemble.
Soupirant et priant dans chaque flot qui tremble,
Balbutie après moi la langue du chaos.
Tu n'entends plus la mienne. A des pensers nouveaux,
Elle prête des sons qu'a médités la lyre.

L'OCÉAN.

Malheureux! Chaque instant redouble son délire.

PROMÉTHÉE.

Un peu d'humilité siérait aux immortels,
De leur père Saturne, arraché des autels,
Quand l'anathème ardent pèse encor sur leurs têtes.
Pour éviter le trait lancé par les prophètes,
Que Jupiter tonnant se confie à ses chars.
Qu'il brandisse en ses mains l'éclair aux mille dards!
Sourcilleux, qu'il menace et gouverne à sa guise!
Ses jours passeront vite et son bonheur s'épuise.

L'OCÉAN.

Ainsi, de l'univers tu veux changer la loi!
Adieu! Tu restes seul.

PROMÉTHÉE.

Le droit reste avec moi.

L'OCÉAN.

Le droit est au vainqueur; la défaite est le crime.

PROMÉTHÉE.

Où donc est la défaite?

L'OCÉAN.

Où donc est la victime?

PROMÉTHÉE.

La victime est ornée; elle boit le nectar;
Son aigle, à ses genoux, la réveille trop tard.
Comptant tous les momens qui lui restent à vivre,
Dans la coupe d'Hébé la victime s'enivre,
Et d'un reste d'encens épuise la vertu.
La victime est au ciel. Dis-moi, la connais-tu?

IV.

Hésione paraît dans le fond de la vallée; après avoir essayé de gravir les rochers qui la séparent de Prométhée, elle s'arrête épuisée dans un ravin.

PROMÉTHÉE, HÉSIONE.

PROMÉTHÉE.

A l'abîme, en grondant, le Titan fait un signe.
La nuit vient. Tout se tait... mais comme un chant de cygne,
Quand le cygne sacré se prépare à mourir,
Et qu'il voit de son lac le flot divin tarir,
De la cité des pleurs quel murmure s'élève?
Il frappe mon esprit d'un invisible glaive.
Qui donc, si ce n'est l'homme, a trouvé dans son cœur,
Sous son fragile espoir, cet hymne de douleur?

PROMÉTHÉE.

Quoi! si tôt des vivans l'allégresse est passée!
Ah! voix trop bien connue! écho de ma pensée
Qui suscite, en mon sein, le démon du remord!
C'est des fils du limon le premier chant de mort!

HÉSIONE.

Prométhée, aide-moi! mon bienfaiteur, mon maître!
De mes jours consumés rallume le flambeau.
Un mal secret me ronge. O toi, qui m'as fait naître,
   Sauve-moi du tombeau!

D'abord, tu m'avais dit : Nais, et sois immortelle.
Sur le vague avenir je fondais mon appui.
La terre souriait; moi, j'ai souri comme elle
   Quand ton soleil m'a lui.

Sans terreur je voyais se succéder dans l'ombre
Les aînés de mes jours qui passaient en courant.

En vain ils tarissaient; sans en compter le nombre,
    Je puisais au torrent.

Voilà qu'à son foyer mon ame se consume;
Les songes du sépulcre environnent mon front;
Et des astres éteints qu'aucun dieu ne rallume,
    Sortent de l'Achéron.

Prométhée, entends-moi; sous mon mal je succombe.
Emplis de jours nouveaux mon urne jusqu'au bord.
De tes fécondes mains, donne-moi, dans la tombe,
    Un remède à la mort.

PROMÉTHÉE.

Que me demandes-tu?

HÉSIONE.

Je veux renaître encore.

Sous mes pas tout renaît avec la jeune aurore.
De ma lampe toujours prompte à se consumer,
Sous mon souffle j'ai vu l'éclat se rallumer.
Quand l'amphore écumante a tari près de l'âtre,
J'ai d'une onde nouvelle empli ses flancs d'albâtre;
Et moi, moi, je taris dans l'urne de la mort;
Et l'espérance, en moi, va s'éteindre d'abord.
Descends! D'une eau sacrée emplis, emplis mon ame.
De mon génie éteint viens rallumer la flamme.
Inventeur du foyer, te supplirai-je en vain?

PROMÉTHÉE.

Je ne puis rallumer ton ame dans ton sein.
La tombe est plus savante, et l'essaira peut-être.

HÉSIONE.

Mais, s'il me faut mourir, pourquoi m'as-tu fait naître?
Et d'un rêve insensé pourquoi m'abusais-tu?

Rends-moi donc, aujourd'hui, le bien que j'ai perdu,
Sur le seuil du chaos le sommeil de l'argile,
Et l'éternelle paix dans son vase fragile.
L'espoir dormait alors dans l'ombre enseveli.
Mais comment retrouver le silence et l'oubli?
Quand tu foulais hier l'autel d'un pied athée,
Te trompais-tu toi-même, ô sage Prométhée?

PROMÉTHÉE.

Des liens de la mort nul ne peut t'arracher.

HÉSIONE.

Eh! quoi! ce peu d'instans passés à me chercher,
Des songes d'une nuit cette ombre qui s'efface;
Quoi! ce cœur vide encor et qui déjà se glace,
Des enfans du limon ce vague souvenir,
Voilà tout le trésor qui se nomme avenir!
Oh! que bien autrement l'espérance dorée,

Qui naquit avec moi de nectar enivrée,
Au festin des vivans savait me convier!
Le Dieu me souriant, tout parut m'envier.
Et maintenant, déjà, veuve sans fiançailles,
Il faut chanter sur moi l'hymne des funérailles.
Protége-moi, mon Dieu!

PROMÉTHÉE.

Mes deux bras sont liés.

HÉSIONE.

Hâte-toi.

PROMÉTHÉE.

Vois! L'airain enchaîne aussi mes pieds.

HÉSIONE.

Du moins si le sépulcre attend déjà sa proie,

PROMÉTHÉE.

Si je dois la première ouvrir la triste voie,
Enseigne à mon esprit les secrets du tombeau.
Sur le seuil que verrai-je, en entrant, sans flambeau?
Dis! quel hôte m'attend dans sa demeure sombre?
A quel banquet avare ira s'asseoir mon ombre?

PROMÉTHÉE.

De son obscur savoir le sépulcre est jaloux.
Ses secrets sont à lui. Je les ignore tous.

HÉSIONE.

O toi qui, d'un seul mot, m'as ravie à la terre,
Apprends-moi qui je suis.

PROMÉTHÉE.

    Pour moi-même un mystère.

HÉSIONE.

Mais tu sais d'où je viens. Où vais-je? dis-le-moi.

PROMÉTHÉE.

L'oracle n'en sait rien. N'interroge que toi.

HÉSIONE.

Si l'abîme est muet, interroge la nue.
A ta réponse encor je reste suspendue.

PROMÉTHÉE.

Espère !

HÉSIONE.

Il est trop tard ; les mots sont superflus.
Reprends ce froid limon.

PROMÉTHÉE.

Il ne m'appartient plus.

(Hésione meurt.)

V.

LE CHOEUR DES SIBYLLES, PROMÉTHÉE.

LE CHOEUR.

Dieu-prophète, vers toi se hâte la Sibylle.
Sur le trépied, c'est toi qui, dans son cœur d'argile,
  Suscites l'avenir.
C'est toi qui, dans la nuit, éveilles les présages.
Dans le présent tu vois ensemble tous les âges,
  Ainsi qu'un souvenir.

Des grottes des Persans, des bois de Thessalie,

Des monts où sont assis les trépieds d'Italie,
Nous t'apportons nos pleurs.
Par notre bouche entends la plainte de la terre;
Tout gémit avec toi; mais quel est le mystère
Caché dans tes douleurs?

Qui finira tes maux, ô père des oracles?
L'avenir saura-t-il enfanter des miracles,
Ou les dieux sont-ils sourds?
De l'esprit immolé nous touchons les blessures.
Mais toi, sous le vautour, épiant les augures,
Vois-tu de meilleurs jours?

PROMÉTHÉE.

Filles de l'avenir, à vous je me confie.
Sur l'autel du passé puisqu'on me sacrifie,
Avant que du vautour renaisse le festin,
Aux entrailles d'un Dieu vous lirez le destin.

PROMÉTHÉE.

Sibylles, approchez. Ne craignez pas ma chaîne.
Que douce est votre voix, et douce votre haleine!
Hésione, en naissant, était semblable à vous.
Ainsi ses longs cheveux flottaient sur ses genoux.
Ainsi, dans ses discours, avide d'harmonie,
Sur sa lèvre abondaient le lait et l'ambroisie.
Mais d'abord, répondez! Que font les nations?
Qu'adorent en passant les générations?
Le monde a-t-il trompé l'espérance des sages?
Que voit-on dans les cœurs? Racontez les présages.

CHOEUR.

Si tu veux, nous dirons les présages des vents,
Des déserts de Memnon les sépulcres mouvans,
Le pic-vert échappé des ombres de Dodone,
Et l'antre sibyllin que l'oracle abandonne.
Mais comment raconter ce qu'on voit dans les cœurs?
Incurables regrets, oracles de douleurs,

Tortures, visions, chimères éternelles,
Qui pourrait dénouer tant d'énigmes nouvelles?
Comme toi, dévoré par la haine ou l'amour,
Chaque homme a son Caucase et nourrit son vautour.
Au moment où le cœur s'étudie à sourire,
L'oiseau de Némésis en secret le déchire.
Dans le sein altéré que tes mains ont pétri,
Sous le limon impur la prière a tari.
Les hymnes ont perdu leur divine rosée;
Et les morts pleins d'effroi repoussent l'Élysée.
Connais-tu sur ce roc le doute au front hagard,
Qui, nourri de serpens et courant au hasard,
Met sur un coup de dé la fortune du monde?
Connais-tu le néant qui sur un mot se fonde,
La vide illusion que mine le savoir,
L'attente aux yeux d'airain que suit le désespoir?
Ah! l'homme les connaît, si le Dieu les ignore.
L'augure te fait peur. J'en sais d'autres encore.

Dans la nuit on entend les peuples soupirer,
Et sur leurs trônes d'or j'ai vu les rois pleurer.
J'ai vu des cieux nouveaux dans les regards des femmes.
Le croiras-tu? Le pain ne nourrit plus les ames.
Mais loin du champ fertile où mûrit le froment,
L'ame dans les deserts cherche un autre aliment.
L'esprit, nouvelle idole ébranlée à sa base,
S'écroule en blasphémant sur l'homme qu'il écrase.
Sans savoir ce qu'on cherche, on s'agite, on gémit;
Comme un tombeau d'airain le ciel même frémit.
Dans le même moment tout s'affirme et se nie;
Le Dieu semble céder à l'infernal génie.
Temps avare et prodigue, où, le front dans le ciel,
La foi manque à l'idole, et l'encens à l'autel.
De ces signes nouveaux connais-tu le langage?
Tant d'oracles muets, tous enfans de notre âge,
Dis-nous, qu'enseignent-ils? le monde est-il trop vieux?
Cependant les trépieds se taisent; et nos yeux

Vainement sur les monts attendent les auspices.

PROMÉTHÉE.

Ah! l'avenir n'est plus parmi les sacrifices,
Avec le sang fumant des boucs et des brebis;
Sur l'aile du pic-vert, de l'aigle ou de l'ibis,
Il ne prend plus l'essor au-devant des empires.
Souvent même il est sourd aux volontés des lyres.
Les banquets s'apprêtant aux seuils des nations,
On ne le verse plus dans les libations.
Il est tout en nous-même à l'heure des miracles,
Et c'est la mort des dieux qu'annoncent vos oracles.

LE CHOEUR.

Comment, et depuis quand les dieux sont-ils mortels?

PROMÉTHÉE.

Depuis que sur la terre ils vivent des autels.

PROMÉTHÉE.

LE CHOEUR.

Blasphème! est-il donc vrai qu'en secret, Prométhée,
Le prophète chez toi ne cache que l'athée?
Comme le vent de Crète on dit que la douleur
De son haleine aride a desséché ton cœur.
C'est sur toi maintenant qu'il faut verser les charmes.

PROMÉTHÉE.

Pour d'autres que pour moi, vierges, gardez vos larmes.

LE CHOEUR.

L'impie en a besoin.

PROMÉTHÉE.

L'impie est loin de moi.

LE CHOEUR.

Sur quel étrange autel as-tu porté ta foi?

PROMÉTHÉE.

Écoutez, à la fin, ce que mon cœur enferme.
Trop long-temps j'ai caché l'espérance en son germe.
Il faut me dévoiler tout entier, ou périr.

LE CHOEUR.

Que va-t-il révéler?

PROMÉTHÉE.

Tous vos dieux vont mourir.
Mes yeux ont vu déjà deux races immortelles
Tour à tour usurper les voûtes éternelles.
Au noir chaos j'ai vu Saturne succéder;
Saturne à Jupiter à son tour dut céder.
A qui va Jupiter céder l'aigle suprême?
Je le demande aux cieux. Est-ce là mon blasphême?

LE CHOEUR.

Par qui doit Jupiter perdre la royauté?

PROMÉTHÉE.

Par les conseils dorés de sa malignité.
Bientôt mieux enseigné, lui-même pourra dire
Quel est le meilleur lot : l'esclavage ou l'empire.
Oui, croyez-moi, les dieux ont aussi leur vautour,
Qui jusque sur l'autel les poursuit à leur tour.....
Ne le voyez-vous pas qui, d'une aile immobile
Couvrant le toit du temple et chassant la sibylle,
Sur l'Olympe répand l'inexorable deuil?....
C'est lui! des immortels préparez le cercueil.
Vierges, entendez-vous le cri de la prêtresse?
Le loup a dévoré Diane chasseresse....
Apollon, qu'as-tu fait de tes flèches d'argent?
    Vois! dans Corinthe un dieu plus diligent

Sur l'autel inconnu transporte la Pythie
    Pourquoi d'Argos le temple a-t-il croulé?
De Delphes maintenant l'oracle balbutie....
L'herbe croît sur l'autel que Neptune a foulé.

LE CHOEUR.

Comme un coursier sans frein dans les champs d'Olympie,
Où l'oracle menteur emporte-t-il l'impie?
    Où va-t-il renverser son char?
Au désert il l'entraîne où le vautour habite.
Parmi les noirs serpens que l'Euménide irrite,
    Il change en venin le nectar.

Heureux qui met un frein à ses vastes pensées
Il suit des nations les limites tracées ;
    Partout il marche dans la paix.
Il voit tout l'univers qui lui rit et qui l'aime.
Son oracle aisément s'explique de lui-même,

Et son dieu ne trompe jamais.

PROMÉTHÉE.

Et depuis quand le mien trompa-t-il la sibylle ?
Vierge, prête à ma voix une oreille immobile.
Mes augures sont vrais ; tu l'avoûras demain.
La terre est le trépied, l'oracle est dans mon sein.
Un démon inconnu soulève ma paupière,
Et l'Erèbe se change en un flot de lumière.

LE CHOEUR.

Malheur à qui prévoit l'avenir de trop loin !
Le temps, au pas tardif, est sourd à son génie.
En vain il prend d'abord l'univers à témoin.
En sursaut éveillé l'univers le renie.

PROMÉTHÉE.

Changez, changez le sceptre en un serpent d'airain.

Aux prophètes nouveaux j'enseigne le chemin.
Les devins de Chaldée ont noué leur ceinture.
Des promesses du ciel ils font leur nourriture.
Je les vois... Au désert, quel dieu vont-ils chercher?...
La verge a fait jaillir la source du rocher...
Dans ce buisson ardent quelle flamme pétille?
D'un peuple de pasteurs l'innombrable famille,
L'encensoir à la main, entoure le foyer
Qu'attise un dieu-géant penché sur le brasier.

LE CHOEUR.

Où sont-ils ces nouveaux prophètes?
Où sont-ils ces élus du ciel,
Qui toujours, devançant les fêtes,
Emplissent les coupes de miel?
Au fond de mes pensers funèbres,
Je ne trouve que les ténèbres;
Mon œil ne voit que des déserts.

Sur mon trépied qui se renverse,
La frêle espérance me berce;
De moi se raille l'univers.

Mon ame autrefois trop novice
Croyait à ses enchantemens.
Toujours l'augure était propice;
Des flots j'écoutais les sermens.
Aux cieux je prêtais des miracles;
Dans mon sein prodigue d'oracles,
Jamais les dieux n'avaient menti.
Mais aujourd'hui, dans mon ciel sombre,
Trop souvent trompé par une ombre,
L'oracle en moi s'est repenti.

UNE SIBYLLE.

Où sont, mes sœurs, tant de promesses
Écrites au livre divin?

Où sont les fruits de nos tristesses,
Et nos jours consumés en vain?

LE CHOEUR.

Ma sœur, du livre des présages
J'ai vu les plus heureuses pages
Qu'emportait le souffle des vents;
Et sur le chêne de l'augure,
L'oiseau sacré fait sa pâture
Des espérances des vivans.

PROMÉTHÉE.

Le croirez-vous? mes yeux voient un autre Caucase...
Sur le tombeau d'un dieu, vierges, semez des fleurs.
O supplice inconnu! source immense de pleurs!
Quel convive a d'absinthe empli ce large vase?
Près des maux que je vois, ah! que sont mes douleurs?
Quel est sur la sainte colline

PROMÉTHÉE.

Cet autre Prométhée à la face divine?
Le monde à Jupiter l'a-t-il sacrifié?
Son père, quel est-il? dites, quel fut son crime?
Est-ce un Titan esclave? un dieu crucifié?
O prodige! il bénit l'univers qui l'opprime.
Les cieux obéissans s'inclinent sous ses pieds,
Et des sommets sacrés s'ébranlent les trépieds.

LE CHOEUR.

Mais ce Caucase, où peut-il être?
Où donc vois-tu, dans ce vallon,
L'absinthe sécher et renaître
Sous le prophétique aquilon?
Sur quelle cime inhabitée
Gémit cet autre Prométhée
Que nos cieux ne connaissent pas?
A-t-il, d'une plus sainte argile
Créé la nouvelle sibylle?

Vers lui faut-il tourner nos pas?

PROMÉTHÉE.

C'est de lui que bientôt viendra ma délivrance....
L'archer de l'avenir lance au but l'espérance;
Le dieu des dieux est proche; il vient dans son orgueil.
Ouvrez, ouvrez vos cœurs. C'est lui qui frappe au seuil.
Sur un siége embaumé préparez-lui sa place.
Terre, sèche tes pleurs! toute douleur s'efface.
Sibylle, de ton sein dissipe le trésor,
Et du livre sacré tourne la page d'or.

LE CHOEUR.

Sur les ailes de ta pensée,
Crédule encore malgré moi,
Mon ame s'était élancée,
Et prophétisait avec toi.
Déjà je caressais mes songes éphémères,

PROMÉTHÉE.

Quand la réalité, rencontrant mes chimères,
   Soudain a soufflé sur mes dieux.
Jupiter n'est pas mort; laisse là l'espérance.
Dans ce nuage épais qui sur nous se balance,
   Je vois un habitant des cieux.

VI.

UN DIEU, PROMÉTHÉE, LE CHOEUR.

LE DIEU, à Prométhée.

Ravisseur du foyer, possesseur des chimères,
Déserteur de l'Olympe, appui des éphémères,
Qui du monde à loisir refais ici les lois,
C'est à toi que je parle! obéis à ma voix!
Jupiter veut savoir d'où viennent tes oracles,
Quel est ce dieu nouveau si prodigue en miracles,
Par qui doit en un jour notre empire finir,
Et quel est ce Caucase où tu vois l'avenir.

Augure, clairement fais parler les présages.
Consulte ta poitrine et réponds sans ambages.
Des paroles surtout ménage le vain flot;
Les dieux veulent la chose où l'homme veut le mot.

PROMÉTHÉE.

Dédaignant des mortels la voie accoutumée,
Ce discours tout rempli de vent et de fumée
Est digne de l'Olympe et de son serviteur.
Nés d'hier, vous régnez. Déjà, dans votre cœur,
Vous croyez posséder l'immuable Empyrée.
Mais quoi! n'ai-je pas vu de la cime sacrée
Dans l'abîme tomber deux familles de dieux?
La troisième, aujourd'hui souveraine des cieux,
Honteusement suivra le chemin des ancêtres.
Dis! me vois-tu trembler devant ces nouveaux maîtres?
Loin de là; je les brave; ils ne sont pas les miens.
Mais toi, reprends dans l'air le chemin d'où tu viens,

Car ma bouche taira ce que tu veux entendre.

LE DIEU.

A ton impiété que de graces à rendre!
Tu lui dois tout, ce roc, ce vautour et ces fers.

PROMÉTHÉE.

Je ne changerais pas les maux que j'ai soufferts
Contre ta servitude et ton vil caducée.
J'aime mieux (jusqu'au bout je te dis ma pensée)
Obéir à la pierre où mon corps est lié,
Que d'être du Très-Haut le sublime envoyé.
Allez! vous n'êtes pas ce qu'il vous faut paraître.
L'aigle de Jupiter déchire aussi son maître;
Et quand la terre insulte au ciel humilié,
Le Caucase est souvent par l'Olympe envié.
Ah! des dieux surannés que je plains l'agonie!
Du sceptre embarrasser un moribond génie,

Sourire dans l'instant où l'on voudrait pleurer,
Le nectar épuisé, d'absinthe s'enivrer,
Vers le passé qui fuit tourner un front de plâtre,
De l'avare encensoir trop tard réchauffer l'âtre,
Tout voir sans rien comprendre, et s'écouter mourir,
Se chercher sur l'autel et ne rien découvrir :
C'est assez de ces maux dont le penser me navre,
Et la pourpre est de trop pour vêtir un cadavre.

LE DIEU.

Suis-je au nombre fatal de ces dieux que tu hais?

PROMÉTHÉE.

Je hais sans les compter tous ceux que je connais.

LE DIEU.

Mais verrons-nous bientôt d'autres apothéoses?

PROMÉTHÉE.

PROMÉTHÉE.

Le temps qui vieillit tout enseigne toutes choses.

LE DIEU.

Il n'a pas enseigné la sagesse aux Titans.

PROMÉTHÉE.

C'est folie, en effet, de t'ouïr plus long-temps.

LE DIEU.

Ainsi, comme un enfant tu me railles?

PROMÉTHÉE.

Peut-être!
En effet, n'es-tu pas l'enfant qui vient de naître,
Si tu crois de ma bouche arracher mon secret?
Tout l'Olympe assemblé sans fruit le tenterait.

Il n'est démon, vautour, ni vêtemens de pierre,
Ni foudres dévorans, supplice, ni prière,
Qui puissent m'obliger de dénoncer aux dieux
L'enfant de l'avenir et l'héritier des cieux.

LE DIEU.

Souviens-toi des destins et pèse tes paroles.

PROMÉTHÉE.

Esclave, épargne-moi tous ces discours frivoles;
N'attends pas qu'à genoux reniant les humains,
Et vers toi soulevant mes suppliantes mains,
Je murmure un cantique, ainsi que font les femmes,
Ou tende mon obole au messager des ames.
Que plutôt....

LE DIEU.

D'un seul mot tu peux te racheter.

PROMÉTHÉE.

Combien de fois encor faut-il te répéter
Que tous vos biens ensemble, idoles, ambroisie,
Faux nectar dont le cœur si tôt se rassasie,
Encens, libations sur d'avares tombeaux,
Chants parasites, nard, célestes oripeaux,
Ne valent pas pour moi cette mouche envolée,
Ni la fourmi quêteuse au fond de la vallée?

LE DIEU.

Comme un jeune coursier qui mord le frein d'argent,
Tu repousses d'Hermès le frein trop indulgent.
Quel démon dans ton cœur habite et te conseille?
Vainement mes discours ont frappé ton oreille.
Veux-tu sur ce rocher passer l'éternité?
La douleur infinie, est-ce ta volupté?
Le vautour est-il las de fouiller dans ta veine?

Ou crois-tu de tes maux qu'enfin la coupe est pleine,
Et que tout l'art des cieux n'y peut rien ajouter?
Détrompe-toi, devin! Sous l'œil de Jupiter,
Chaque jour la douleur se creuse davantage.
A ses flots d'amertume il n'est point de rivage;
Le mal produit le mal au lieu de le guérir,
Et l'on peut y puiser sans jamais le tarir.
Ah! quelle mer d'angoisse il te reste à connaître,
Quand de ton propre cœur il faudra te repaître!
Ton supplice, crois-moi, ne fait que commencer.
Les dieux sont patiens; mais crains de les lasser.
Enfant du noir Typhon, l'aigle, nouveau convive,
D'abord élargirait ta blessure encor vive.
Puis sous des cieux de plomb viendrait le désespoir;
Puis le doute infernal rirait de ton savoir;
Puis toi-même, à la fin, te rongeant dans le vide,
Disputerais ton cœur aux chiens de l'Euménide.
Combien de maux alors enfantés chaque jour!

PROMÉTHÉE.

Car tu regretteras la serre du vautour.
Pour la dernière fois, je te le dis encore,
Obéis!

LE CHOEUR.

N'attends pas que l'aigle te dévore.
Des menaces d'Hermès n'es-tu pas ébranlé?

PROMÉTHÉE.

Je savais son oracle avant qu'il eût parlé.
Que la haine aujourd'hui par la haine se venge!
Des cieux c'est la coutume. Est-il là rien d'étrange?
Donc, sans plus reculer, contentons le destin.
Aigles, venez. Mon cœur vous convie au festin.
Des éclairs sur mon front que le glaive s'embrase!
Que le ciel en tombant de sa voûte m'écrase!
Sous des vents effrénés, que l'astre au front d'airain

Avec le flot des mers confonde son chemin !
J'y consens. Des destins que la tourbe irritée
Traîne au fond des enfers le corps de Prométhée :
C'est en vain ; rien ne peut me tuer tout entier.

LE DIEU.

D'un discours insensé penses-tu m'effrayer ?
Jusqu'où peut dans un dieu s'exalter la démence ?
Enfin tant de folie aura sa récompense !
Femmes, que sur ces monts la pitié réunit,
Allez ! dispersez-vous ; ou la main qui punit,
Sur vous, sans balancer, étendra le supplice.

LE CHOEUR.

Dieu, change tes discours, s'il faut qu'on t'obéisse.
Roi des sages, Hermès, conducteur des esprits,
Peux-tu nous conseiller le salut à ce prix ?

PROMÉTHÉE.

Eh! ne sais-tu donc pas, qu'en secret consumées,
De pleurs et de pitié nos ames sont formées,
Et qu'un baume éternel qui fleurit dans nos cœurs,
Verse son flot d'amour à toutes les douleurs?
Que tu nous connais mal, dieu qui crois tout connaître,
Et qu'une ame au grand jour t'étonnerait peut-être!
Prométhée avec lui nous convie à mourir;
Pour lui nous souffrirons tout ce qu'il faut souffrir.
Plus que le noir enfer nous maudissons le traître.

LE DIEU.

L'esclave a retenu les paroles du maître.
C'est bien! de tous vos maux n'accusez plus que vous.
C'est vous qui les voulez : ce n'est aucun de nous.
Dans vos propres filets vous-mêmes enchaînées,
C'est vous qui de vos mains tissez vos destinées;
C'est vous qui sur vos fronts mettez ces jougs pesans;
Et des maux que je vois les cieux sont innocens.

LE CHOEUR.

Le supplice, en effet, a suivi la menace.
Le monde est ébranlé; les cieux changent de place.
De l'Olympe en criant descendent les aiglons.
De l'enfer est sorti le roi des aquilons.
L'abîme palpitant, l'éclair luit; tout flamboie,
Et les douze immortels s'abattent sur leur proie.

(Les dieux se précipitent sur Prométhée.)

VII.

PROMÉTHÉE, LE CHOEUR.

PROMÉTHÉE.

O justice!... ma mère!... Abîme, mon berceau!
Terre et cieux contemplez ce supplice nouveau!
Ce n'est plus le vautour qui s'attache au blasphème.
C'est moi seul, oui, c'est moi qui me ronge moi-même.
Horreur! mon cœur est vide, et je l'ai dévoré;
L'avenir tout entier de moi s'est retiré.
O ciel! que de l'augure à bon droit tu te railles!
J'ai moi-même en mes flancs consulté mes entrailles.

Mais qu'ai-je découvert? Espérance! néant!
Voix qui toujours grondais dans mon sein murmurant,
Supplice où se mêlaient l'abondance et la joie,
Aigle au front couronné qui me rongeais le foie,
Nectar des pleurs sacrés, qu'êtes-vous devenus?
Je me cherche en moi-même et ne me trouve plus.
O douleur sans orgueil! ô misère, misère!
Le dieu porte à présent envie au ver de terre.

LE CHOEUR.

Où suis-je? la peur
Glace avec la vie
L'oracle en mon cœur.

PROMÉTHÉE.

Penser qui me dévore! éternelle agonie!
Sans comprendre mes dons l'univers me renie.
Parmi mes rêves d'or, loin du monde réel,

PROMÉTHÉE.

Mon esprit trop avant a porté son autel.
Oui, ma pensée habite un trop superbe faîte,
Et le monde à mes pieds se rit du faux prophète.

LE CHOEUR, en tremblant.

Ah! qu'as-tu vu, mon ame? quels démons,
Les yeux hagards, sont descendus des monts?
Au cœur du juste ils pèsent comme un rêve.
Le noir enfer s'agite en son esprit.
De froids serpens la muse le nourrit,
Et contre lui le temps use son glaive.

PROMÉTHÉE.

Quel soupçon!... En effet... si je m'étais trompé!
Si mon esprit s'était d'un vain songe occupé!
Non! non! cela n'est pas;... pourtant, cela peut être...
Si mon ame, en mon sein, qui périt pour renaître,
N'était rien qu'un vautour à ma perte acharné!

Si de mes vains pensers le dard empoisonné,
N'était que l'instrument de mon propre supplice!
Si de mes ennemis, moi, j'étais le complice!
Si l'espérance était un filet sous mes pas,
L'avenir une embûche!... Ah! je n'achève pas.
Chaque mot dans mon ame éveille le délire.
Mes lèvres, taisez-vous... Mais enfin, pour tout dire,
Si j'avais mis mes vœux sur de trompeurs autels!
Grands dieux, si, par hasard, vous étiez immortels!

LE CHOEUR.

Va! l'infortune enseigne la Pythie.
A tes sermens plus que toi je me fie;
  Je lis dans tes douleurs.
D'un ciel de plomb j'ai percé l'artifice;
Et j'entrevois, marchant dans la justice,
  L'espérance aux longs pleurs.

Quel invisible jour dans mon cœur vient de luire?
Aux malices des dieux j'ai reconnu l'enfer.
De la loi du plus fort je déteste l'empire.
L'injustice régnant, au sein de Jupiter
Je ne puiserai plus les trésors de la lyre.

PROMÉTHÉE.

S'il est un dieu plus sage, il est lent à venir.
Pour affranchir mon cœur des nœuds du souvenir,
Attend-il que les vents dissipant ma poussière,
Mon ombre aux pieds légers lui porte ma prière?
Aussi bien, moi, que sais-je où son front est caché?
Pour assurer qu'il est, mes doigts l'ont-ils touché?
Où, comment, dans quel temps, par quelle préférence,
M'a-t-il fait confident de sa toute-puissance?
Ailleurs qu'en mon esprit, l'ai-je vu de mes yeux?
Quels démons ont, pour moi, sondé ses vastes cieux?
Les dieux m'ont trahi tous après l'apothéose.

Pourquoi ce dieu nouveau ferait-il autre chose?
Fantôme si long-temps caressé dans mon cœur,
Il peut être, comme eux, fumée, ombre, vapeur.
Qui l'empêche? Faut-il croire chaque présage?
Et, pour être devin, que sais-je davantage?
Quelle main, après tout, mit l'oracle en mon sein?
Où l'avenir m'a-t-il enseigné son dessein?
Moi seul, moi j'ai tout fait, tout puisé dans moi-même,
Et mes cieux n'étaient rien qu'un splendide blasphême.
Descendez du trépied, vierges, qui m'écoutez!
Tous les cieux sont déserts; je les ai visités.
Croyez-moi; le néant est l'unique prophète.
Il en sait plus que nous qui célébrons sa fête.
Tout hymne vient de lui; tout temple est son séjour.
Il aime aussi l'encens qui fume avec le jour.
O volupté! mon cœur rit dans chaque parole,
Quand, mon sein déchiré, j'en arrache l'idole.

LE CHOEUR.

Comme la sombre mer, au pied du mont Athos,
Le désespoir sur toi précipite ses flots.
Toi-même de ton sein rejettes le miracle,
Et, le démon absent, tu ris de ton oracle.
Mais mon cœur a gardé, tel qu'un vase d'autel,
De tes discours sacrés le parfum et le sel.
Des hymnes d'avenir qui calment toute peine,
Je puis verser sur toi la coupe encore pleine.
Des chants harmonieux éprouve la vertu.

PROMÉTHÉE.

Rendez-moi donc d'abord le dieu que j'ai perdu.
Que ne peut le vautour, déployant sa grande aile,
Loin d'ici m'emporter dans la paix éternelle,
Au pied de l'Invisible, où dorment les remords !
Au moins je goûterais l'esclavage des morts.

Car, je veux bien le dire, oui, mon ame est domptée.
Mais Prométhée a seul subjugué Prométhée.
Que les dieux, s'il en est, soient bénis! J'y consens;
Et de ce dernier deuil je les tiens innocens.

LE CHOEUR.

Laisse-nous voir ton mal, et sonder ta blessure.

PROMÉTHÉE.

De l'aigle, sans gémir, j'ai senti la morsure.
J'ai ri sous le vautour. Des liens du rocher
Mon ame, en ce temps-là, savait se détacher.
Mais le doute est venu, seul tourment qui m'effraie,
Le doute, aux mains de plomb, qui croît avec la plaie;
Complaisant pour lui-même, il ne veut pas guérir :
C'est là, c'est là le mal que je ne peux souffrir.
Vierges, vous savez tout. Quand le mal est dans l'ame,
Pour fermer la blessure, où trouver un dictame?

Vous gardez le trésor de ces hymnes de miel,
Qui dans le cœur troublé font descendre le ciel.
Je le veux. Essayez ces chants, rois de la lyre.
On dit que des dieux même ils calment le délire.
Heureux qui les écoute ; il respire la paix :
Plus heureux, dans son cœur, qui les garde à jamais.

VIII.

CHOEUR DES SIBYLLES.

UNE SIBYLLE.

Redresse ton trépied, ô sœur de la Pythie !
Et chassant de ton sein la peur qui balbutie,
    Chante le chant de l'avenir.
Les dieux sont suspendus à ta sainte parole.
Sur les sommets ardens, quand ton esprit s'envole,
    Quel frein pourrait te retenir?

UNE AUTRE SIBYLLE.

Loin des monts visités et des vulgaires plaines,

A mon ame, à la fin, j'abandonne les rênes;
J'ai brisé l'autel de la peur.
Mes pensers irrités planent sur la nature,
Comme un troupeau d'aiglons avides de pâture,
Qu'au nid éveille l'oiseleur.

LE CHOEUR.

Dans mon sein, quel démon, comme un flot, se soulève?
Du puissant avenir je promène le glaive
Sur la tête des immortels.
Dans mon ame je sens se préparer l'orage;
Et du livre sacré si je tourne la page,
Soudain s'ébranlent les autels.

Quand les dieux vont mourir, veuve sans hyménée,
Avec eux dans l'Érèbe au long deuil condamnée,
Épouserai-je les enfers?
Et fidèle à leur cendre en mon urne d'ivoire,

PROMÉTHÉE.

Pleurerai-je à jamais des ombres sans mémoire,
    Pâle prêtresse des déserts ?

Non, non, quittant la mort, j'épouserai la vie ;
Légère, je suivrai celui qui me convie
    A l'immuable éternité ;
Et dans l'hymne écumant, à la coupe vermeille
Qui surpasse en douceur le travail de l'abeille,
    Je boirai l'immortalité.

Oh ! que ma lèvre a soif d'une joie inconnue !
Que pourrait tout l'encens qui va grossir la nue,
    Pour nourrir aujourd'hui ma faim ?
Ne verrai-je jamais dans mon ame embrasée
De l'immortel printemps descendre la rosée,
    Et la paix habiter mon sein ?

Comme au mont Euganée une biche blessée,

Partout enfoncerai-je, au fond de ma pensée,
    Ou la flèche, ou l'épieu ?
J'ai tenté mille autels, vagabonde prêtresse ;
Quand pourrai-je, à la fin, sans que l'heure me presse,
    Reposer mon ame en mon dieu ?

UNE SIBYLLE.

Moi, je languis, mes sœurs, sans savoir ce que j'aime.
Tout me nuit. De mon front tombe le diadème ;
    Je meurs et renais tour à tour.
Des larmes j'ai tari la volupté sacrée.
Oh ! qui viendra verser sur ma tige altérée
    La coupe vive de l'amour ?

TOUT LE CHOEUR.

Le dieu ! le dieu nouveau qui gonfle ma poitrine.
    Plus vite que l'aquilon,
    Il descend de la colline.

PROMÉTHÉE.

Sur mon front qui s'illumine
Il s'abat comme un aiglon.
Il me cache sous son aile ;
Il me frappe ; je chancelle ;
Dans mes yeux il étincelle.
C'est lui qui conduit ma voix ;
C'est lui qui court dans ma veine ;
Il embrase mon haleine ;
De lui ma poitrine est pleine ;
Dans mon ame je le vois.
Je le sens dans toutes choses,
Dans le calice des roses,
Dans les pleurs des nations.
Je l'entends dans le silence,
Dans le cirque des lions,
Quand le thyrse se balance,
Quand la bacchante s'élance
Vers la couche des plaisirs ;

Dans la lyre qui le brave,
Dans la plainte de l'esclave,
Dans le volcan plein de lave,
Dans le cœur plein de désirs.
Où fuirai-je son étreinte?
Il habite en mon esprit.
Le temple est saisi de crainte;
L'autel vide lui sourit.
A travers mille murmures,
J'entends le cri des pic-verts,
Qui, malgré les vieux augures,
L'annoncent à l'univers.
Dans l'enceinte virginale,
Il a surpris la vestale;
Sous la pourpre triomphale
Il agite les Césars;
Et dans les jeux d'Olympie,
Le fils aîné de l'impie

PROMÉTHÉE.

Le fait monter sur ses chars.

UNE SIBYLLE.

Des trésors du passé j'ai rempli ma mémoire.
Mes sœurs, comment sera le dieu de l'avenir?
Sera-t-il fait d'airain, ou d'argent, ou d'ivoire?
Recueillant les débris de sa fragile gloire,
    Verrons-nous son règne finir?

LE CHOEUR.

Comme le chêne de Dodone,
Il germera dans les enfers.
Il verra ses feuilles d'automne
Que glace la main des hivers.
Mais, rajeunissant chaque année,
Sa tête, de fleurs couronnée,
Verdira dans l'éternité;

Et les peuples, sous son ombrage,
S'endormiront pendant l'orage,
Au seuil de l'immortalité.

UNE SIBYLLE.

Craindra-t-il le sceptre d'un maître,
Le glaive de ses ennemis?

LE CHOEUR.

Comme l'herbe qui vient de naître,
Le destin lui sera soumis.
L'œuvre accompagne sa parole;
Il tend son arc; son penser vole,
Et tout l'Olympe est déserté.
Au loin les étoiles émues
Diront : C'est le vrai roi des nues,
Sans aïeux, sans postérité.

PROMÉTHÉE.

UNE SIBYLLE.

Mes sœurs, connaissez-vous la plaie,
Que, malgré moi, j'aime à nourrir?
Ombre que l'aquilon balaie,
Ce dieu pourra-t-il la guérir?

LE CHOEUR.

Oui, des longues nuit d'insomnie,
Des angoisses de l'agonie,
Des cieux qu'on ne veut plus revoir,
Des vains remords que tout ranime,
Ma sœur, j'ai mesuré l'abîme,
Et j'ai connu le désespoir.

De poisons mon ame était pleine;
Dans mon sein tarissait la foi.
Je me mourais à chaque haleine,

Et ce temps n'est pas loin de moi.
Mais, par hasard, une pensée
Réchauffant mon ame glacée,
Dans ma nuit j'ai revu le jour.
Comme l'astre au bord du nuage,
Dans mon sein où s'endort l'orage,
Se lève enfin l'immense amour.

Les pleurs versés dans le silence
Seront plus doux que le nectar.
La paix, fille de l'espérance,
Jamais n'arrivera trop tard.
Au fond de l'ame solitaire,
Vont résonner dans le mystère
Les souvenirs harmonieux.
Sur la pierre de chaque tombe,
Se reposera la colombe
Dont la couvée est dans les cieux.

Car, dans la mort, tout se ranime.
Sous le doigt qui fit l'univers,
Dans le cœur se creuse un abîme,
Plus profond que les vastes mers.
Dans cette source de lumière,
Jamais n'a plongé sa paupière
De l'Olympe l'aigle mortel;
Et le sceptre du mont Lycée,
Roseau que brise une pensée,
Ne régit pas cet autre ciel.

UNE SIBYLLE.

Eh! quoi! l'immortelle allégresse
Aurait pour mère la douleur!
Sous le ciel d'airain qui m'oppresse,
Renaîtrait mon ame en sa fleur!

LE CHOEUR.

Oui, de tant de larmes versées,
Et de nos muettes pensées
Naîtra le fils de l'Éternel.
De tant d'invisibles supplices,
Sortira le flot des délices,
Et l'esclave aura son autel.

UNE AUTRE.

Verra-t-on les peuples stupides,
Toujours courbés sous l'aiguillon,
Prenant des fantômes pour guides
Tracer un servile sillon ?

LE CHOEUR.

On verra les peuples rebelles,
Au devant de cités nouvelles,

Marcher sur le front des Césars ;
Demi-dieux tombés en poussière,
Les rois serviront de litière
Aux chevaux liés à leurs chars.

UNE AUTRE SIBYLLE.

Le juste sous la violence
Languira-t-il jusqu'à la mort ?
Toujours couronné d'insolence
Le droit sera-t-il au plus fort ?

LE CHOEUR.

Avant que ce jour s'accomplisse,
Dans la maison de l'injustice
Arrivera le châtiment ;
Et de la pâle servitude,
On verra dans la solitude
S'évanouir l'enchantement.

PRIÈRE.

Viens donc, ô Dieu nouveau! tout oracle t'appelle,
Hâte-toi d'arriver ainsi que l'hirondelle,
    Dans la saison des blés.
Le monde est ton berceau. Que tardes-tu de naître?
De tes vagissemens, tu remplirais peut-être,
    Tous les cieux dépeuplés.

Oh! viens! d'un lait divin j'allaiterai ta bouche!
Eternel, nouveau-né, j'ai préparé ta couche
    Dans l'antre des lions.
Tu joueras, faible enfant, sur le sein des Sibylles.
A tes pieds tu verras, sous les cieux immobiles,
    Passer les nations.

Sous tes mains, en riant, tu courberas la terre.

PROMÉTHÉE.

C'est toi qui porteras le glaive de la guerre
    Et la clef des conseils.
Tes larmes corrigeant l'infortune des hommes,
Enfin on verra luire, au désert où nous sommes,
    De plus tièdes soleils.

Mais, roi de l'avenir, enfant de l'invisible,
Où, comment, sur quel faîte aux humains accessible
    Descendras-tu d'abord?
Qui plira le premier sous ton sceptre d'ivoire?
Quel seuil hospitalier te verra dans ta gloire,
    Au sortir de la mort?

Comme le fils des rois que la douleur enfante,
Dans un berceau de pourpre, argile triomphante,
    Naîtras-tu pauvre et nu?
Quelle main ornera la maison de ta mère?
Qui conduira d'abord tes pas à la lisière,

Dieu d'un ciel inconnu?

Oh! quels que soient ton nom, et ta mère, et ton âge,
Les mondes égarés poursuivent ton image
  Dans le ciel entr'ouvert.
Sans toi, sur chaque autel, j'ai vu mourir les roses;
L'étoile, en s'éveillant, te cherche en toutes choses,
  Étoile du désert.

Mais plus que le désert, et la fleur, et l'étoile,
Aujourd'hui dans son cœur déchirant chaque voile,
  Dieu, l'homme a soif de toi.
Arbre déraciné, veux-tu qu'il refleurisse?
Hâte-toi!.. sur ses pieds fais pleuvoir ta justice.
  Sur lui répands ta foi.

UNE SIBYLLE.

Mon front qu'hier encore enivrait la jeunesse,

Cherche aujourd'hui, plus mûr, le joug de la sagesse,
    Et l'éternel flambeau.
De ma couche écartez les folles insomnies;
Mon esprit s'est assis au chœur des harmonies
    Sur le seuil du tombeau.

LE CHŒUR.

Descends au fond des cœurs, descends, tiède rosée?
Dieu, mets un frein d'argent à mon ame apaisée.
    Enseigne-moi mes pas.
Au doute tortueux qu'allaite l'Euménide,
Fais succéder l'amour en qui la paix réside;
    Ne t'appartient-il pas?

Descends dans le sillon où tout grain fructifie,
O paix! ô douce paix! divin froment de vie!
    Viens germer sous les pleurs.
Parfum de l'infini, toi qui guéris les ames,

Quand pénétreras-tu, de tes sacrés dictames,
Les vierges et les fleurs?

La nuit se pare en vain de ses torches funèbres;
O lumière d'en haut! plonge, avec les ténèbres,
Dans nos pensers amers.
Tel j'ai vu du soleil l'essieu qui se rallume,
Pour éclairer l'abime en sa grotte d'écume,
Plonger au fond des mers.

Que les chemins soient purs, et les maisons ornées,
Et qu'au devant du Dieu, de myrte couronnées,
Sortent les nations.
A la fin l'hôte arrive; et, souriant au monde,
Il bénit dans les lis, dont son chemin abonde,
Les générations.

TROISIÈME PARTIE.

PERSONNAGES.

PROMÉTHÉE.
HÉSIONE.
L'ARCHANGE RAPHAEL.
L'ARCHANGE MICHEL.
CHOEUR DE DIEUX.
CHOEUR DE SÉRAPHINS.

PROMÉTHÉE

DÉLIVRÉ.

> Voici le véritable Prométhée qui a réglé et
> marqué par avance l'ordre des temps.
> TERTULLIEN.

I.

L'ARCHANGE MICHEL, L'ARCHANGE RAPHAEL.

Ils descendent du ciel. Le soleil se lève.

L'ARCHANGE MICHEL.

Sous nos ailes d'azur l'aube enfin se ranime;
Archange, entendez-vous l'hymne saint de l'abîme?

L'ARCHANGE RAPHAEL.

Dans l'abîme sans fond j'entends des pleurs tomber,
Et je vois sous leur joug des esprits succomber.

PROMÉTHÉE.

MICHEL.

Entendez-vous le chant de toute créature,
Sous le Cèdre aux cent voix l'Hyssope qui murmure,
Et dans l'urne des mers le soupir des roseaux,
Sous l'aile du Seigneur les petits des oiseaux,
Le pélican des monts, la cigale en son gîte,
De l'esprit sur les eaux le souffle qui s'agite,
Et ces accords vivans qui partent du désert?
Tel, sous un archet d'or, un céleste concert.

RAPHAEL.

Du fond des cœurs j'entends des voix qui retentissent,
Et sous un front serein des ames qui gémissent;
Comme du sein des mers naissent les pâles flots,
Du milieu des humains s'élèvent les sanglots,
Soupirs inachevés sur les lèvres des femmes,
Brise de pleurs trempée, et murmure des ames,

Des immenses cités vagues frémissemens,
Et des morts au tombeau muets tressaillemens.

MICHEL.

Voyez-vous des blancs lis briller le diadème?
De rosée et d'amour Dieu les revêt lui-même.
Et dans l'air sentez-vous ce parfum répandu,
Qui dit à chaque objet : Le Seigneur est venu?

RAPHAEL

Le monde répandant sa plainte matinale,
Je sens des cœurs mortels la douleur qui s'exhale ;
Et comme la rosée au front des pâles fleurs,
Au front des nations je vois couler les pleurs.

MICHEL.

Jéhovah des torrens aime la voix qui gronde.

RAPHAEL.

Et son fils se complaît dans les soupirs du monde.

MICHEL.

L'Éternel met sa joie au tumulte des vents ;
Il sème les palmiers dans les sables mouvans ;
Il aime les chevaux hennissant dans ses fêtes,
Le cri du pélican sur le toit des prophètes ;
Des genets empourprés il bénit la splendeur,
Et de l'encens sur l'arbre il respire l'odeur.

RAPHAEL.

Du fils de l'Éternel je connais les délices ;
A tous les nouveau-nés ses regards sont propices ;
Il nourrit la colombe et l'humble passereau ;
Il préfère au palmier le fragile roseau,
Il prête à l'orphelin sa robe de lumière,

Et des vierges surtout il aime la prière;
Il voit toute douleur avant qu'elle ait parlé,
Et, dès qu'il a souri, le monde est consolé.

MICHEL.

L'abîme même attend une bonne nouvelle,
Et par toutes ses voix la terre nous appelle.

RAPHAEL.

Ainsi qu'à ses petits tourmentés par la faim
Le passereau des champs apporte le bon grain,
Vers l'amère vallée hâtons-nous de descendre.
Demain serait trop tard; et, couchés sur la cendre,
Sans pâture à leur cœur, Dieu trouverait d'abord
Les peuples endormis dans l'ombre de la mort.

MICHEL.

Aigles de Jéhovah, le monde est notre proie.

Fondons sur la brebis qui se trompe de voie.

RAPHAEL.

D'un coup d'aile avec vous j'ai franchi l'infini.
Je sème la parole ainsi qu'un fruit béni.

MICHEL.

Je plane dans les airs sur le front des royaumes.
L'univers fait silence. Éphémères fantômes,
Les pâles nations se traînent à genoux.
Pour poser notre pied quel lieu choisirons-nous ?

RAPHAEL.

De ce rocher désert la cime immaculée.
A peine si jamais le cerf de la vallée
De ses deux pieds d'ébène a touché ces degrés.

MICHEL.

Pour des hôtes divins ces monts sont préparés.

Tel était près d'ici le sommet du refuge,
Où sous l'arche des saints s'abaissa le déluge.

(Ils descendent sur la cime du Caucase.)

Voilà!... du noir enfer bravant l'impureté,
Sur le front du serpent mon pied s'est arrêté.

RAPHAEL.

Et moi, moi, du limon j'ai senti la souillure.
Tout mon cœur a frémi sous ma céleste armure....
Habitacle des morts! ô terre sans amour!
Est-ce toi? mais quel deuil environne le jour?
Ainsi de notre nuit ta lumière est formée,
Et ton vain firmament s'évapore en fumée.
De roses sans parfum tu couronnes tes monts;
Et le lis du sépulcre habite tes vallons.
Sur toi je veux pleurer, pâle vallon de larmes!
Quel ange en te voyant, ainsi vide et sans charmes,
Voudrait des pleurs sacrés te refuser le miel?

Que les meilleurs sentiers conduisent loin du ciel!
Mieux que nous tu connais l'infernale insomnie,
Et des esprits déchus les heures d'agonie.
Mais quelle est donc ta joie, ô terre de douleurs?
Ne souris-tu jamais en buvant tes sueurs?
Et parmi tant de maux qui contristent ta face,
Où donc à l'espérance as-tu fait une place?

MICHEL.

Regardez! sur ce roc, dans ces liens de fer,
Voyez-vous cet archange aux portes de l'enfer?
Ses deux bras mis en croix sont cloués sur l'abîme.

RAPHAEL.

De cet ange tombé quel peut être le crime?
Avant qu'il n'habitât ces ténébreux sommets,
Dans le chœur des heureux le vîtes-vous jamais?
Sans doute, sur ce mont se cache un grand mystère;

PROMÉTHÉE.

Mon frère, visitons cet esprit de la terre.
Par sa bouche, bientôt, s'il est ce qu'il paraît,
Des mondes contristés nous saurons le secret.

(Ils descendent auprès de Prométhée.)

II.

LES ARCHANGES MICHEL ET RAPHAEL,
PROMÉTHÉE.

MICHEL A PROMÉTHÉE.

Toi qu'un lien d'airain dans ses nœuds emprisonne,
Toi qui portes des maux la pesante couronne,
Quel es-tu? d'où viens-tu? de quel nom t'appeler?
Si ta bouche des cieux connaît le doux parler,
Réponds! qui t'a vu naître? es-tu fils de la terre?
Ces fers, ce dur rocher, cette croix solitaire,
Esclave du limon, est-ce là ton berceau?
Es-tu né de la mort, ô fragile roseau?

Ou plutôt (car ton front luit au sein des ténèbres)
Dans l'abîme cherchant tes voluptés funèbres,
N'es-tu pas de l'enfer un archange égaré.

PROMÉTHÉE.

D'un monde qui n'est plus, ô langage sacré!
Et d'un hymne oublié, que je crois reconnaître,
Écho sévère et doux, et qui me fait renaître!
Où donc ai-je jamais entendu cette voix?
Dans un monde meilleur... Oui, peut-être, autrefois,
Parmi des lyres d'or, qu'enfant, dans les prairies,
Je suspendais au front des saintes rêveries.
Mais, depuis, sur mon cœur trop de jours ont passé!
Et s'il fut un moment, ce monde est effacé.
Je ne m'en souviens plus.

MICHEL.

Homme, démon, archange,

Enfant du firmament, dernier-né de la fange,
Quel est ton nom ?

PROMÉTHÉE.

Mon nom ?

MICHEL.

Hâte-toi ; réponds-nous.

PROMÉTHÉE.

Mais dans quel firmament vous-même habitez-vous ?
Et quel ciel vous a fait cette paix enchantée,
Si votre ame est fermée aux maux de Prométhée ?

MICHEL.

Quelle savante main de ces nœuds de douleur,
A vingt fois resserré les replis sur ton cœur ?
Toi-même de ton sein ranimant la blessure,

Pourquoi de ce vautour fais-tu donc la pâture?
Est-ce le compagnon de l'ange des remords?
Vivant, qui te condamne au supplice des morts?
Raconte-nous comment, en quel lieu, pour quel crime,
Tu fus loin des heureux rejeté dans l'abîme;
Comment des jours de paix tu perdis le trésor;
Cependant que, pour toi, dans la balance d'or,
Des pleurs compatissans répandant le calice,
Nous pèserons tous deux le crime et le supplice.

PROMÉTHÉE.

O mes hôtes, venez! béni soit le berceau
Qui vous reçut d'abord sous son toit de roseau!
Qu'heureuse dans ses flancs fut votre jeune mère!
Béni le seuil propice où s'assied votre père!
S'il n'est pas immortel, qu'il compte de longs jours!
Surtout dans ses vieux ans qu'il vous garde toujours!

RAPHAEL.

Notre père est vivant ; c'est lui qui nous envoie.

PROMÉTHÉE.

Ah ! que depuis long-temps d'un seul rayon de joie,
Mon cœur désabusé n'avait goûté le miel !
Mais, en vous écoutant, on respire le ciel.
Des tourmens infinis vous détournez le glaive,
Et de mon ame enfin le fardeau se soulève ;
Ainsi que d'un banni si l'oreille, en passant,
De la langue natale entend le doux accent,
Il s'arrête, il écoute, il soupire, il espère ;
Il se souvient du champ possédé par son père ;
Et comme du rocher jaillissait le ruisseau,
Il sent son cœur d'airain se fondre tout en eau...
Oui, ma bouche pour vous s'ouvrira sans mystère ;
Mais, avant d'expliquer ce que je voulais taire,

Laissez-moi vous bénir, ô beaux adolescens!
Ne craignez pas; mes mains sur vos fronts innocens
Jamais n'épancheront la coupe d'imposture.
Où donc êtes-vous nés? de cette chaste armure
Qui donc a revêtu vos flancs et votre sein?
Quelle vierge a filé votre robe de lin?
Peut-être habitez-vous les grottes de Pénée;
Ou plutôt retirés sous le mont Cyanée,
De l'Olympe inconnus et de tout l'univers,
Votre toit se marie au tronc des myrtes verts,
Et l'albâtre du seuil rit sous vos pieds d'albâtre.
Moi-même dans ces lieux j'ai vu briller mon âtre,
Quand de l'urne aux flancs d'or... Mais, enfans, pardonnez!
Où courent mes esprits par un songe entraînés?

RAPHAEL.

Loin des eaux du Pénée habite notre père.
Du myrte qui souvent recèle la vipère,

Il écarte son toit; et nos pas en naissant,
N'ont pas foulé du seuil l'albâtre pâlissant.
Mais toi, réponds d'abord : D'où te viennent ces chaînes?
Toujours le malheureux aime à conter ses peines.
Parle! pour t'écouter se taisent les torrens;
Puis bientôt nous dirons le nom de nos parens.

PROMÉTHÉE.

Enfans, vous le voulez. Soit que fils des étoiles,
Elles vous aient de lait abreuvés sous leurs voiles;
Soit que nourris des pleurs de Titans égarés,
Vous retrouviez un frère, écoutez et pleurez.
D'un esprit immortel, ah! c'est l'antique histoire;
Puissiez-vous dans vos cœurs en garder la mémoire!

D'abord ne demandez ni quel sein m'allaita,
Ni dans ses bras divins quel géant me porta;
Ni comment des vivans, je connus la lumière,

Ni comment était fait l'heureux toit de ma mère;
Si la terre ou le ciel fut mon premier berceau,
Si j'avais, en naissant, sur les yeux, un bandeau;
Comme vous je l'ignore, et plus que vous peut-être !
Sans savoir où, comment, de qui j'ai reçu l'être,
J'ai long-temps appelé : mon père ! tous les cieux
Ont répété : mon père ; et jamais, de mes yeux,
A la clarté du jour je n'ai vu son visage.
Dans mon berceau pourtant on dit que son image
De célestes pavots caressait mon sommeil.
Sur la corde d'argent vibrait à mon réveil
Des astres complaisans la nocturne harmonie,
Et sur moi se penchait un bienheureux génie.
Tout priait avec l'aube ; et dans l'air, quelquefois,
Une voix résonnait pareille à votre voix.
A l'enfance d'un Dieu, tout sourit, ciel et terre ;
Dans le champ paternel, les chars, comme un tonnerre,
Roulaient, obéissans, sur des nuages d'or,

Et des jours radieux rassemblaient le trésor.
Invisible et présent sur son trône de gloire,
Mon père, dans les cieux, de son sceptre d'ivoire,
Régissait des esprits la sainte légion,
Et mesurait le jour à sa création.
Chaque été de mon front accroissant l'auréole,
Moi-même sans le voir j'écoutais sa parole;
Dans un livre enchanté je lisais ses bienfaits;
Partout je le sentais sans le toucher jamais.
Son amour m'était doux; car même dans les langes
Ma lèvre avait appris à chanter ses louanges;
Et sans chercher jamais à le connaître mieux,
Je croyais l'occuper et l'entendre en tous lieux;
Et je le bénissais; et je baisais son glaive.
Alors j'étais heureux... N'était-ce pas un rêve?

Mais l'âge survenant, tout changea sans retour.
Plus de paix ni de joie, et plus d'hymne d'amour.

De mes rêves divins l'aquilon brisa l'aile.

Comme un aiglon tombé de l'aire paternelle,

Sans refuge, orphelin, j'errais dans l'univers.

Alors je commençai d'adorer les enfers.

En vain les lis d'argent me rappelaient sa gloire,

De mon père bientôt je perdis la mémoire.

A la fin, sans penser, m'égarant loin des cieux,

Sur un mont, par hasard, je rencontrai des dieux ;

Superbes, le front haut, leur couche parfumée,

Ils respiraient l'encens et vivaient de fumée.

Dans la pourpre avec eux je montai sur leur char.

Je partageai leur couche et goûtai leur nectar.

Mais, à peine, en riant, ma coupe fut remplie,

Tout mon cœur s'enivra d'amertume et de lie ;

Et de ma lèvre impure au loin la rejetant

Je voulus dans la mer la noyer à l'instant.

Qu'était-ce que cet or et cette immense joie,

Et ces siècles ourdis dans la pourpre et la soie ?

Momens que vit une ombre! ennui sans majesté!
Et jusque sur l'autel, vanité, vanité!
Moi-même de mes mains me taillant mon idole,
J'aurais pu comme un autre, épris d'un vain symbole,
Au rang des dieux admis, de leur vin m'enivrer,
Dans le marbre ou l'airain grandir et respirer.
Un jour, je l'essayai, souvenir de misère!
Je me fis mon autel. Mais du froid de la pierre,
Mon ame, au même instant, commença de transir.
Du néant je goûtai le vaniteux plaisir.
Quoi! c'est là tout! me dis-je; un peu de renommée!
Un grain d'encens et d'or, et beaucoup de fumée!
Aussitôt, sous mes pieds, je brisai mon autel,
Et toujours affamé d'un plaisir immortel,
Je quittai tous les dieux par un éclat de rire.

De l'abîme, bientôt, je visitai l'empire.
Le monde était désert; l'homme n'était pas né.

Seulement sur mon front aux larmes condamné
Déjà l'aigle planait; cependant que des nues
Sortaient, en s'éveillant, les noirs troupeaux de grues.
Le temps naquit alors, vieillard sourd et changeant.
Aussitôt du tombeau le ver trop diligent
Courut à son métier comme une filandière;
Et l'idole attendait l'ouvrier dans la pierre.
Aux sources des lions je m'abreuvai d'abord.
De leurs yeux secouant le sommeil de la mort,
Je les vis, tout pensifs, qui sortaient de l'argile.
Leurs pas étaient pesans; leur front était tranquille;
Et je leur demandai le chemin des déserts;
Mais ils étaient muets comme tout l'univers.

L'ARCHANGE RAPHAEL A L'ARCHANGE MICHEL.

Frère, à ces mondes sourds, dans l'urne du symbole,
Vous n'aviez pas encore apporté la parole.

PROMÉTHÉE.

Long-temps je crus qu'enfin des cavernes des bois
Une voix sortirait pour répondre à ma voix.
Que souvent, mes regards attachés sur les nues,
Dans l'air j'ai caressé des vierges inconnues !
Je les voyais sourire; à ces filles du ciel,
Déjà je préparais le lait, l'onde et le miel,
Quand, les cieux me raillant, l'aquilon de son aile,
Ravissait mon épouse à la voûte éternelle;
Et chaque heure en rampant, enchaînée à ses sœurs,
Dans l'abîme creusait une source de pleurs.
Mes pensers vainement croissaient dans le mystère,
Ainsi qu'un haut palmier qui verdit solitaire.
La colombe des bois n'y pose pas son nid;
Et l'enfant du pasteur jamais ne le bénit.
Que de longs jours passés dans ce silence aride!
Et j'étais seul au monde; et le monde était vide!

Et mon cœur affamé lui-même se rongeait,
Et mon esprit, sans but, partout s'interrogeait!

Les soleils se suivant l'un l'autre sans mémoire,
Le soir venait. Bientôt, couvert de l'ombre noire,
De mon antre, à pas lents, je regagnais le seuil.
Comme une bête fauve, y répandant le deuil,
J'attendais, sans dormir, je ne sais quelle proie;
Un hôte, une chimère, un présage de joie,
De l'avenir peut-être un messager secret.
A peine, dans les bois, l'abeille murmurait,
Je disais : Le voici qui vient de l'Empyrée;
Suivons encore un jour l'espérance dorée.
Et trouvant à sa place ou le serpent moqueur,
Ou le lis, sous mes pas, consumé dans sa fleur,
Je riais; dans mon mal, quand s'enfonçait l'épine,
Mes ongles déchiraient ma stupide poitrine.
Enivré d'un levain de colère et d'amour,

PROMÉTHÉE.

Mon désespoir croissait jusqu'à la fin du jour.
Combien de pleurs sacrés et versés goutte à goutte!
L'abîme les a vus. Il s'en souvient sans doute.
O morsures de l'âme! ô glaives de l'esprit!
Chaos des noirs pensers qu'un fantôme nourrit,
Non! l'ongle du vautour qui me ronge le foie,
Mieux que vous ne sait pas s'acharner sur sa proie.

Ainsi mes jours passaient... si c'étaient là des jours.
Un soir (cette heure est triste et me navre toujours),
Dans la mer je voyais se mirer l'astre blême;
Mais l'orage éternel ne grondait qu'en moi-même.
Tout dormait; j'enviais les songes des roseaux,
Et mon ombre, comme eux, dormant au fond des eaux.
Un penser (d'où me vint cette lueur sublime)
Tout d'abord m'éclaira. Sur le bord de l'abîme,
D'un vil et noir limon recueilli par hasard,
Je fis un demi-dieu, fragile enfant de l'art.

D'un coup d'aile heurté par l'aigle olympienne,
L'ame encor lui manquait; je lui donnai la mienne.
Ce n'est pas tout; pour lui, visitant les enfers,
Je lui soumis la flamme, esprit de l'univers.
Dans ma coupe, en naissant, il noya ses tristesses;
De l'avenir surtout il goûta les promesses.
Dans mon antre, d'abord, il regardait sans voir,
Écoutait sans entendre, et marchait sans vouloir.
Je déliai sa langue, et, réveillant sa lyre,
Des mètres nouveau-nés je lui marquai l'empire.
C'est moi qui, le premier, sous la fatalité,
Dans la nuit de son cœur trouvai la liberté.
Le temps vint à marcher; la cité vint à naître,
Et l'univers muet, enfin, connut un maître.
Au front des astres d'or j'arrachai leurs secrets;
Je poursuivis l'augure au milieu des forêts.
Des métaux souterrains je sondai les entrailles.
Lois, mariages, jeux, banquets et funérailles,

PROMÉTHÉE.

Voiles des noirs vaisseaux, chevaux liés aux chars,
J'enseignai chaque usage et créai tous les arts.
Par moi les nations, que mon esprit devance,
Se tenant par la main s'émurent en cadence;
Tel autrefois le chœur des vierges de l'Etna
Que l'aveugle Cyclope à son hymne enchaîna.
Bientôt des lettres d'or je traçai sur le sable,
Au bord des flots rongeurs, l'empreinte ineffaçable.
Mais je n'avais rien fait. Malgré tout mon amour,
L'homme n'était qu'une ombre; il ne vivait qu'un jour.
Dans son ame trop tard je versai la sagesse,
Et des célestes lois l'éternelle jeunesse.
Sur son front déjà nu comme la vérité,
Abonda le parfum de l'immortalité.
De la science enfin qui vit de solitude,
En son sein je cachai l'ardente inquiétude.
Il voulut tout savoir. Les yeux toujours ouverts,
Il chercha dans lui-même un nouvel univers.

Son flambeau s'éteignant aux portes de son être,
Dans son cœur il plongea sans pouvoir se connaître.
Un soir, sur un tombeau par hasard se penchant,
Au fond d'un crâne vide il trouva le néant.
Je soufflai sur la cendre et lui fis toucher l'âme :
Ainsi sous l'âtre éteint on découvre la flamme.
Volumes sibyllins, ardentes questions,
Écrites dans la nuit au front des nations,
Énigme de la mort, énigme de la vie,
Liberté, seule idole à qui je sacrifie,
Qui donc, si ce n'est moi, les apporta des cieux?
Car de moi l'homme apprit la vanité des dieux.

J'ai trop aimé, peut-être aimé-je trop encore.
Voilà, voilà pourquoi ce vautour me dévore,
Et pourquoi sur ce mont, deux fois déifié,
Des mains de Jupiter je suis crucifié.

PROMÉTHÉE.

MICHEL.

Que parles-tu toujours de tes dieux de théâtre?
Jupiter est tombé de son ciel idolâtre;
Ne le sais-tu donc pas?

PROMÉTHÉE.

    Mes hôtes, raillez-vous?
C'est un jeu sérieux qu'ici nous jouons tous.
Si ma langue à prier peut se soumettre encore,
Ah! par votre heureux seuil que le blond soleil dore,
Par l'arbre hospitalier qui couvrit vos berceaux,
Et par vos vieux parens courbés sur leurs tombeaux,
Ne livrez pas si tôt vos cœurs à l'ironie;
Je la connais trop bien, c'est un mauvais génie.
Comme un ver dans le fruit s'insinuant d'abord,
Plus tard au cœur de l'arbre elle apporte la mort.
Oh! du moins attendez qu'au souffle des années,

Les fleurs de vos printemps sur l'arbre soient fanées.
Ce temps viendra bientôt.

MICHEL.

Ange du désespoir,
Si ton oreille est sourde, ouvre les yeux pour voir.
Je te l'ai dit; les morts ont quitté l'Élysée,
Et sur son piédestal toute idole est brisée.
Les cieux sont repeuplés; que faut-il ajouter?
Les peuples de leurs mains ont détruit Jupiter.
On ne rencontre plus que tombeaux de prêtresses,
Et démons supplians sous des noms de déesses,
Oracles sans trépieds, temples privés d'autels,
Trônes, sceptres d'augure, et débris d'immortels.
Aux fronts usurpateurs la palme est enlevée;
Et l'aigle de l'Olympe a perdu sa couvée.
Car, d'un mot, l'Éternel a reconquis les cieux;
Son esprit est rentré dans le séjour des dieux.

PROMÉTHÉE.

Je l'ai vu; qui pourrait raconter sa colère?
La table était remplie; et des chants de la terre
La flûte aux sept tuyaux répétait les accords.
L'ambroisie enivrait les pâles dieux des morts.
Il heurte; tout s'enfuit : il entre; comme un rêve,
L'Olympe se dissipe aux clartés de son glaive.
De son souffle, en passant, il éteint l'encensoir.
Au fond des cieux déserts lui-même va s'asseoir.
Là, tranquille et réglant les siècles par avance,
Dans un vase d'airain il goûte sa vengeance.
Dans l'abîme on entend comme un soupir divin;
Puis l'écho, puis un nom, puis tout se tait enfin.
Au front du temple orné l'insecte tend sa toile;
L'herbe croît sur l'autel; la prêtresse se voile.
Tombe immense où descend tout un monde perdu,
L'Olympe de forêts couvre son front chenu.
Ainsi meurent les dieux aux pieds de notre père;

Lui seul demeure en paix ; tout autre est éphémère.

PROMÉTHÉE.

Ce que vous racontez, vos yeux l'ont-ils pu voir?
Enfans, vous recueillez les doux fruits de l'espoir.
Comme vous, il est jeune et suit qui le convie.
Mais le malheur est sourd; de tout il se défie.
Ce que l'ame promet, abusé trop de fois,
Pour en jouir il veut le toucher de ses doigts.
Vieillard sans foi, sans cœur, dans les larmes amères,
Sous deux portes de bronze il retient les chimères.
C'est peu d'être impuissant; tout périt en ses mains;
Dans la source il tarit jusqu'aux pleurs des humains.
Puissiez-vous, dans vos cœurs, ne jamais le connaître!
Mais, enfin, dites-moi, quel ciel vous a fait naître?
Du doute dans mon sein détruisez le poison!
D'abord de votre père enseignez-moi le nom.

PROMÉTHÉE.

Son nom est Jéhovah, l'univers son image,
L'infini son séjour, l'éternité son âge.
Partout il est présent, et, même dans ton sein,
Lui-même en ce moment accomplit son dessein.
A tes moindres discours il prête son oreille,
Et l'haleine des bois dans les cieux le réveille.
D'un regard il conduit les générations,
Il met le sceptre d'or aux mains des nations.

RAPHAEL.

C'est lui qui dans son nid réchauffe la colombe;
Il sème le bon grain qui mûrit dans la tombe;
Aucun temple en ses murs ne l'enferma jamais;
A tous les cœurs brisés il redonne la paix.

PROMÉTHÉE.

Ressemble-t-il aux dieux qui sont nés de la terre?
Est-il fils du chaos ou fils de l'adultère?

Hier, était-ce à lui que mon esprit parlait ?
De la chèvre Amalthée a-t-il sucé le lait ?

MICHEL.

Il n'a point de parens. Le doute est un blasphème.

PROMÉTHÉE.

Est-il donc orphelin ?

MICHEL.

Il est né de lui-même.

PROMÉTHÉE.

Quel qu'il soit, aux humains que vient-il apporter ?
Nous promet-il encore un autre Jupiter ?

MICHEL.

Aux esprits altérés il promet l'abondance,

PROMÉTHÉE.

A la blessure un baume, à ses fils sa clémence.
Par nous il vient briser toute captivité.
A l'ame prisonnière il rend la liberté.

PROMÉTHÉE.

Pardonnez aux soupçons; ils sont fils des tristesses.
Mais tous les dieux nouveaux sont féconds en promesses.
Avares du présent, prodigues d'avenir,
Par le même chemin on les voit tous venir.
A leurs avénemens, avant que sur leur tête
La couronne affermie ait bravé la tempête,
Plus que les hommes même on les trouve indulgens;
Il ouvrent aux esprits des cieux intelligens.
Sous un masque d'amour déguisant leur visage,
De pluie et de rosée ils se font leur breuvage.
Le miel est réservé pour la bouche des rois.
S'il veulent une idole, ils la veulent de bois.
Que parle-t-on d'encens, de myrrhe ou d'ambroisie?

Sous un rustique toit un bouc les rassasie.
Surtout l'égalité préside à leurs festins.
Le bûcheron les hante; et, content des destins,
Dans la coupe commune il puise l'allégresse.
Voilà ce que j'ai vu.... Mais un penser m'oppresse.
Car à peine les dieux, sous le chaume enivrés,
De leur trônes d'ivoire effleurant les degrés,
Ont des sentiers du ciel gravi la chaste cime,
Le masque se détache et tombe dans l'abîme.
« Courbe-toi, vil limon. Peuple esclave, à genoux!
« Donne-nous tes sueurs pour nous engraisser tous.
« L'idole était de bois; il nous la faut d'ivoire.
« N'épargne pas tes pleurs; nous aimons à les boire.
« Demain immole-nous cent bœufs et le berger;
« Ou, sinon, crains pour toi Mercure-messager «
Ainsi parlent des dieux qu'éblouit l'Empyrée;
Ils ne reçoivent plus qu'une offrande dorée.
Loin, bien loin la colombe et l'offrande des cœurs!

Du monde qui les hait tranquilles possesseurs,
De leurs manteaux usés l'orgueil refait la trame.
Ils possèdent les corps, que leur importe l'ame?
Voilà comme ils sont tous, armés d'un front d'airain,
Quels ils étaient hier, quels ils seront demain.
Maintenant, malgré moi, cette crainte m'assiége;
Sous trop d'humilité je crois toucher un piége.
Des promesses d'en-haut qui s'est fait le garant?

RAPHAEL.

Toi-même ici... Rochers, monts, étoiles, torrent,
D'un cantique sans mots célèbrent notre père.
Les roseaux sont témoins qu'à ses fils tout prospère.
La cigale en son nid se souvient de sa voix,
Et l'aigle glapissant l'appelle au fond des bois.

PROMÉTHÉE.

Ainsi parlait jadis la plus belle des muses,

La blonde Poésie, inventrice des ruses.
Mais sur son vain savoir ne vous appuyez pas:
C'est un roseau doré qui plie à chaque pas.
Eh quoi! ne sais-je pas où tendent ses miracles?
La cigale et l'aiglon sont-ils donc vos oracles?
Parasites bruyans dans le fond des forêts,
A louer tous les dieux je les vois toujours prêts.
Sur le front des puissans les myrtes et les roses
Ont usé leurs parfums dans trop d'apothéoses;
Et les étoiles même, habiles à tromper,
Aux pieds de Jupiter sont lasses de ramper.
Cherchez d'autres témoins, s'il faut que l'on vous croie.

RAPHAEL.

Que profond est le mal en qui tu mets ta joie!
Et qui m'eût dit jamais qu'un esprit immortel
Ainsi pût se complaire au calice de fiel?
En vain nous y mêlons nos larmes les plus douces

Absens, tu nous cherchais; présens, tu nous repousses.
Où tendent tes désirs? Es-tu de ces esprits
Que les illusions d'un mot vide ont nourris!
Ils n'aiment que leur ombre; et, vivant de mensonge,
A tous les dons du ciel ils préfèrent un songe.
Épris de l'impossible, à leur cœur tout déplaît.
Dès qu'ils touchent le but, ils sentent le regret;
Et de l'enfer, dit-on, c'est le plus grand supplice.

PROMÉTHÉE.

Oui, je connais ce mal; mais, pour que je guérisse,
Peut-être il est bien tard!... Oh! j'ai trop attendu.

RAPHAEL.

Si le miel des discours ne t'a pas convaincu,
Les effets vont parler... Au nom de notre père,
De ces liens d'airain forgés dans le mystère
Que d'eux-mêmes les nœuds se brisent au grand jour!

Sois libre comme nous! Dieu le veut!

(Les chaînes se brisent d'elles-mêmes. Prométhée se soulève
peu à peu et reste immobile. L'archange Michel tend son
arc, et perce le vautour d'une flèche.)

MICHEL.

Du vautour
Ma flèche au même instant a brisé l'aile impure.
C'est bien. Qu'à la couleuvre il serve de pâture!

RAPHAEL, à Prométhée.

Viens; souviens-toi des cieux et quitte les enfers.

MICHEL.

Efface de ton cœur l'empreinte de tes fers.

PROMÉTHÉE.

O ciel! l'évènement répond à la promesse.

Je renais! En mon sein, où donc est la détresse
Qui sous un joug de fer opprimait tous mes vœux?
De la fatalité qui donc brise les nœuds?

MICHEL.

Celui qui nous envoie et qui sait tes misères.
Ton père est Jehovah, et nous sommes tes frères.
Des liens du sépulcre archange racheté,
Il est temps de rentrer dans la sainte cité.
Revêts-toi du Seigneur! regarde, vois nos ailes!
Ne reconnais-tu pas ces palmes immortelles?
Dans le nouvel Éden leur souche est vive encor.
Bois les larmes du ciel dans ce calice d'or.
De ses maux infinis elles guérissent l'ame,
Et jusque sur l'enfer répandent leur dictame.

RAPHAEL.

A peine as-tu du ciel goûté les chastes pleurs,

Les ailes d'un archange aux divines couleurs,
A tes flancs s'attachant, t'ont vêtu de lumière,
Et le souffle d'en haut te dispute à la terre.
Ah! quittons ce désert.

PROMÉTHÉE.

Mais d'où vient cette paix
Que même, en mon berceau, je ne connus jamais?
Mes yeux s'ouvrent; enfin, malgré mon sourd génie,
D'un monde intérieur j'écoute l'harmonie.
Est-il vrai qu'en mon cœur les cieux soient descendus?
Le pâle désespoir ne reviendra-t-il plus?
Quelle invisible main répare ma ruine?
Et comment peut l'espoir rentrer en ma poitrine?
Adieu, terre d'angoisse! adieu, vallon de pleurs,
Durs rochers, si souvent trempés de mes sueurs;
Sommets d'où mes regards poursuivaient les nuages;
Éperviers qui dans l'air m'apportiez les présages;

Echo qui tant de fois me renvoyas mes cris ;
Cimes chauves ; déserts, peuplés de mes débris !
Compagnons de mon ame, ô flots ! grottes prochaines,
Torrens ! vous tous, adieu ! je laisse ici mes chaînes.
Ah ! dans l'horreur des nuits souvenez-vous de moi !...
Mais si c'était un songe !...

MICHEL.

Ange de peu de foi,
Du doute aux cent replis n'endure plus l'étreinte.
Quand meurent les faux dieux, es-tu sourd à leur plainte ?
Entends ! d'un rire amer ils emplissent leur ciel.
De leur gloire soudain détrompés sur l'autel,
Ils viennent supplians t'apporter leur prière.
Renversés de leur char, pieds nus, dans la poussière,
Ombres à qui tout manque et même le tombeau,
Chacun porte à sa main son aveugle bandeau.

PROMÉTHÉE.

Je les vois... à vos pieds, troupeau qui balbutie,
Les dieux agenouillés redemandent la vie.

III.

CHOEUR DES DIEUX SUPPLIANS, PROMÉTHÉE, LES ARCHANGES.

CHOEUR DES DIEUX.

O fils de l'avenir, aidez-nous à renaître !
Mortels ou dieux nouveaux, nos successeurs peut-être,
Ayez, ayez pitié des dieux qui vont mourir.
Du vieux Pan notre père arrêtez l'agonie.
Rejetés de l'autel où le ciel nous renie,
    Nous faudra-t-il périr ?

Quoi ! sans nous, du matin brillerait la couronne !
Quoi, dès demain, sans nous que l'enfer environne,
Des pampres rajeunis mûriraient les trésors !
Le rossignol boirait le nectar dans la rose ;
Le printemps nouveau-né rirait en chaque chose,
    Et les dieux seraient morts !

On ne nous verrait plus, conduits par les prophète,
Des hymnes allumer le flambeau dans nos fêtes,
Et des esprits sans frein régir le char ailé !
Mais les maîtres des cieux passeraient comme une ombre ;
Et des jours éternels l'insatiable nombre
    Si tôt serait comblé !

Le pasteur égaré, qui poursuit la colombe,
Sourirait en foulant l'Olympe, notre tombe.
Sur nos sépulcres verts il paîtrait ses troupeaux.
Et l'herbe soupirant sur la montagne sainte,

De tous les Immortels pour étouffer la plainte,
　　Il prendrait ses pipeaux !

PROMÉTHÉE.

Mais vous-même, aujourd'hui, qui suppliez l'abîme,
Où donc avez-vous eu pitié d'une victime?
Vous souvient-il de moi? car je vous connais tous.
Quand mon cœur appelait, que ne répondiez-vous?
Quand pour vous complaisant j'empirais mon supplice,
Alors de la pitié c'était l'heure propice.
Mais cette heure est passée, ô dieux! il est trop tard.

CHOEUR DES DIEUX.

Nous ne demandons pas nos coupes de nectar,
Ni des cantiques saints la céleste ambroisie,
Ni dans nos encensoirs les parfums de l'Asie;
Mais ce peu que possède, abrité sous l'autel,
L'insecte au front luisant, qui regarde le ciel;

Ce que le ver de terre au sépulcre demande,
Un rayon de soleil, du néant pauvre offrande,
La lumière, la vie ; à tous elle appartient.
Quoi de plus ? un vieux temple aisément nous contient.
Plus petits au besoin, et tout chargés d'entraves,
Nous baiserons vos pieds, s'il est des dieux esclaves;
Donnez-nous seulement la place pour ramper.

MICHEL.

Jehovah veut les cieux pour les tous occuper.
Dans l'horreur de l'abîme il remplit chaque place,
Et des mondes créés il déborde l'espace.
Le néant seul vous reste ; il vous y faut rentrer.

CHOEUR DES DIEUX.

Quoi ! si tôt le nectar a pu vous enivrer !
Achevez ; triomphez avant qu'on vous connaisse.
A des dieux jeunes sied l'orgueil de la jeunesse.

Des lamentations bientôt l'heure viendra.
Comme il nous a manqué, l'encens vous manquera.
De trop d'illusions désabusant vos ombres,
Le ver de vos autels rongera les décombres.
Comme nous rejetés loin du char des vivans,
Comme nous vous serez la pâture des vents.
L'aigle vieillit, ainsi vieillira la colombe,
Et la voûte des cieux vous fera votre tombe.
Que de larmes alors et quels maux infinis !
Car vos ailes d'azur et vos sistres bénis
De vos temples détruits défendront mal les faîtes.
Vous seuls assisterez en pleurant à vos fêtes.
Sans lyres, sans flambeaux, privés des saints amours,
Il vous faudra des morts chanter les hymnes sourds.
Le temps, d'un souffle amer corrompant les présages,
De vos livres sacrés dispersera les pages.
Descendus dans l'abîme où sont les anciens dieux,
Vous nous verrez au seuil.... ce sont là nos adieux !

MICHEL.

Maudits qui blasphémez, disparaissez!

RAPHAEL.

                              Fantômes,
Loin d'ici! du néant remplissez les royaumes!

IV.

LE CHOEUR DES DIEUX en se dispersant.

Qu'est devenu l'autel plus puissant que la tour?
Sous les divins pourpris, où sont les chars d'ivoire?
Et, qui donc a si tôt, au sein de l'ombre noire,
  Dissipé notre jour?

Quoi! les cieux sont fermés à leurs antiques maîtres!
Et les coursiers ailés méconnaissent le frein!
Comment s'est abattu le trône des ancêtres
  Sous la verge d'airain?

Dans quel temple écroulé l'aigle, fils du tonnerre,
Du nouvel oiseleur fuira-t-il le regard?
Comme un oiseau des nuits qu'a surpris la lumière,
    Il chancelle au hasard.

Heureux, au flanc des monts, les genêts des prairies!
Ils règnent dans la paix, vêtus de pourpre et d'or;
Chaque été ranimant leurs couronnes flétries,
    L'âge accroît leur trésor.

Heureux aussi le lys qui se mire dans l'onde.
L'abeille en l'adorant lui consacre son miel.
Comme un prêtre il répand son encens sur le monde;
    La terre est son autel.

Mais malheur à la fleur cachée au sanctuaire.
Les dieux heurtant les dieux, ils se brisent d'abord.
Leur sceptre moissonné sous un vent de colère,
    Se flétrit dans la mort.

PROMÉTHÉE.

Que faut-il pour briser un divin caducée?
Que faut-il de nos fronts pour voiler la splendeur?
Un songe, un souffle, un rien, l'ombre d'une pensée
    Qui grandit dans un cœur.

Le jour fait place au jour, à l'aube la froide ourse,
La joie à la douleur, à l'hiver le printemps.
Ainsi changent les dieux, dans leur rapide course,
    Plus que l'onde inconstans.

Dans l'olympe d'abord tout prospère à l'enfance;
Au sortir du néant pour nous mieux abuser,
La terre avec le ciel étant d'intelligence,
    Nous pouvons tout oser.

Sur nos rians berceaux s'épanouit l'étoile;
Comme une fiancée au devant de l'époux,
L'oracle en nous voyant, soudain laisse son voile
    Tomber à nos genoux.

Toute fleur en naissant se remplit d'ambroisie.
L'univers est un vase où fume le nectar;
Chaque esprit est un temple, et chaque ame saisie
    S'attèle au divin char.

Mais tout ce faux brillant ne cachant rien qu'un rêve,
L'ambroisie, en un jour, se convertit en fiel.
Contre ses vains sermens l'oracle se soulève;
    L'enfer est dans le ciel.

Dans l'empyrée alors le désespoir commence;
Tout sceptre est un roseau qu'un zéphyr fait plier.
On voit des dieux errans, qu'agite la démence,
    Eux-mêmes se nier.

Car, le voile est tombé qui protégeait l'idole;
La parque aux froides mains, sans mère, sans époux,
Au front des immortels a ravi l'auréole;
    La nuit descend sur nous.

PROMÉTHÉE.

Du doute, aux pieds boiteux, la savante industrie
Sur nous a renversé nos cieux sans fondemens.
Il a, dans ses festins, brisé l'urne tarie
  De nos enchantemens.

Sur les lèvres des dieux l'hymne crédule expire;
Fils d'un monde perdu, dispersons-nous dans l'air.
Des ruines d'abord peuplons le vide empire
  Et l'autel de l'enfer.

Dans le temple enfoui sous les feuilles d'automne,
Dans le vide des cœurs où se tarit l'amour,
Dans les tièdes esprits que le doute couronne,
  Faisons notre séjour.

Mais vous qui survivez, si, du haut des nuages,
Vous entendez gémir vos temples vermoulus,
Alors, souvenez-vous, en lisant les présages,
  Des dieux qui ne sont plus !

Sur nos bouches d'ivoire,
Dans nos temples muets
L'insecte, sans mémoire,
Vient tendre ses filets.

L'Olympe nous oublie;
Altérés de nectar,
L'impiété nous lie
Au timon de son char.

L'astre du jour dévie,
L'ame éteint son flambeau.
Partout était la vie;
Partout est le tombeau.

Sous la pâle aurore,
Tout se décolore!
O cieux impuissans!
Le dieu s'évapore

Comme un grain d'encens.

Dans l'herbe flétrie,
Dans l'ame tarie,
Dans la mer sans fond,
Une voix s'écrie :
Les grands dieux s'en vont.

(Le Chœur se disperse.)

V.

PROMÉTHÉE, LES ARCHANGES MICHEL ET RAPHAEL.

MICHEL.

Ils sont évanouis.

PROMÉTHÉE.

Mais leur chant dure encore.

RAPHAEL.

Du chœur des séraphins la lyre plus sonore
Bientôt dissipera l'hymne du désespoir.

Tel le pur arc-en-ciel chasse un nuage noir.

PROMÉTHÉE.

Cet hymne affreux toujours résonne à mon oreille.
Qui pourra l'étouffer? en sursaut il réveille,
Sous son ongle d'airain, la plainte de mon cœur;
Et les astres glacés le redisent en chœur.

RAPHAEL.

Ce n'est rien, en effet, que la plainte d'un rêve,
Peut-être d'un roseau le soupir sur la grève,
Ou l'écho du passé qui s'entend défaillir.
Vois nos fronts sourians, sont-ils faits pour pâlir?

PROMÉTHÉE.

Combien de fronts divins qui défiaient l'orage,
J'ai vu déjà pâlir et mourir avant l'âge!...
Demain, si dans vos cieux rassasiés d'amour,

Sur vos sépulcres d'or s'abattait le vautour!

MICHEL.

N'achève pas. Avant que le doute t'enivre,
Par ces chemins d'azur hâte-toi de nous suivre.

PROMÉTHÉE.

Mais ne craignez-vous pas qu'avec moi, dans le ciel,
Ne rentre la douleur qui s'abreuve de fiel?
Le flot du souvenir débordant ma pensée,
Par hasard de ma coupe une goutte versée
De vos robes d'azur ternirait la splendeur.
Car la douleur partout enfante la douleur.
En vain dans les esprits versant une onde pure,
Vous croiriez de vos cieux effacer la souillure.
La tache, sous vos mains, chaque jour s'accroîtrait.
Comme un arbre infernal le doute grandirait ;
Et moi, seul à l'écart, caché sous son ombrage,

Dans votre immense deuil je verrais mon ouvrage.
Retrouvant le Caucase au céleste séjour,
La colombe, en son nid, couverait le vautour.

RAPHAEL.

Ainsi qu'un noir serpent nous foulons toute crainte.
Ouvre ton aile. Viens sur la colline sainte.

(Ils prennent leur essor et s'élèvent au-dessus de la terre avec Prométhée.)

PROMÉTHÉE.

Sous votre aile, en effet, la terre disparaît,
Mais non pas la douleur qui survit en secret.

LES ARCHANGES.

Des terrestres douleurs plus loin est le remède.

PROMÉTHÉE.

Comme l'aigle autrefois qui ravit Ganymède,

Votre aile m'a ravi par-delà l'univers.

RAPHAEL.

Regarde autour de toi, que vois-tu?

PROMÉTHÉE.

Des déserts;
De l'abîme sans fond jaillit l'or d'une étoile.

RAPHAEL.

A l'invisible jour sa lumière est un voile.

PROMÉTHÉE.

Je vois de nouveaux cieux qui s'éteignent trop tôt.
Faut-il s'arrêter là?

LES ARCHANGES.

Non, monte encor plus haut.

PROMÉTHÉE.

Est-ce ici?

LES ARCHANGES.

Non! plus loin.

PROMÉTHÉE.

Déjà mon aile ploie.
Qui donc dans ces déserts vous enseigne la voie?

LES ARCHANGES.

Nous allons d'un vol sûr où toute chose va.

PROMÉTHÉE.

Où donc m'emportez-vous?

LES ARCHANGES.

Au sein de Jéhovah.

VI.

CHOEUR DE SÉRAPHINS.

Comme on lave l'autel après le sacrifice,
Ainsi de chants de paix abreuvons les esprits;
Du milieu des déserts que la source jaillisse
    Des cantiques taris.

Qui pensait que jamais l'archange du Caucase,
Des liens de la mort pût rejeter le faix,
Et qu'en son cœur aride et fendu comme un vase,
    Dieu répandît la paix?

O terre, oubliras-tu qu'en tes vallons funèbres,
L'esprit s'est affranchi des ongles du vautour,
Qu'au doute dévorant, compagnon des ténèbres,
  A succédé l'amour?

Liée au désespoir, l'ame, aveugle captive,
En un monde désert, de poisons s'enivrait;
Parmi de noirs serpens, sur sa couche plaintive,
  L'ennui la dévorait.

Et voilà que soudain une main la relève.
Comme un rameau des bois que l'hiver a flétri,
D'un flot pur abreuvée, elle reprend sa sève;
  Et son mal est guéri.

De la prison des sens, par une route sainte,
Un penser la ravit vers des cieux inconnus.
Des fers qu'elle a portés elle cherche l'empreinte,
  Et ne la trouve plus.

Ainsi la paix arrive à celui qui l'implore.
De son flanc s'il repaît les oiseaux de la nuit,
A la fin, dans son cœur luit l'éternelle aurore
    Que la colombe suit.

UN SÉRAPHIN.

Sur un Caucase ardent les nations gémissent ;
J'ai vu des peuples rois qu'on liait au rocher.
Quand sera le vautour, sous qui les cœurs périssent,
    Immolé par l'archer ?

LE CHOEUR.

Tout vautour en son nid se dévorant lui-même,
L'injustice avec lui voit son règne finir.
Des serres du passé toujours l'archer suprême
    Délivre l'avenir.

HÉSIONE.

(Elle sort de sa tombe.)

Qui l'eût dit? les morts ressuscitent.
Voici qu'au fond du noir tombeau,
Les ténèbres se précipitent;
Et le sépulcre est un berceau.
Dans les flancs de l'urne agitée,
Voyez! le nouveau Prométhée
Des morts recueille les débris.
Il répare l'homme fragile;
Et d'une impérissable argile
Il environne les esprits.

Le divin potier d'une eau sainte,
Épure l'ame neuve encor.
Au vase il donne son empreinte,
Et le noir limon devient or.

Vase de joie et d'abondance,
Dans sa main comme par une anse,
Il tient mon cœur par l'espérance.
Quelle main pourrait me briser?
Dans l'abîme où tout va descendre,
Je puise en dieu pour le répandre;
Il a retrouvé sous ma cendre
L'amour que rien ne peut user.

Me prêtant une aile de flamme,
La mort, invisible sculpteur,
Enfin retranche de mon ame
Le souvenir de la douleur;
Et comme autour d'une statue
D'or et de bronze revêtue,
L'éclat de la pierre abattue
Jaillit sous les coups du ciseau;
Ainsi les pensers de la terre,

Voiles des sens, pesant mystère,
Loin de moi volent en poussière
Sous l'heureux souffle du tombeau.

LE CHOEUR.

O cieux! redirez-vous encore
Que le flambeau des morts pâlit,
Que l'aube aussi se décolore,
Que dieu même s'ensevelit?
De lui-même il renaît. Eau vive, intarissable,
Vit-on jamais ses jours répandus sous le sable,
Se perdre dans la mort?
Si le désert s'étend à la place de l'ame,
Frappez, frappez les cœurs de la verge de flamme;
Dieu jaillira d'abord.

Souvent pour tendre à l'homme un piége,
Loin de son temple et de Sion,

PROMÉTHÉE.

Au fond d'un siècle sacrilége,
Il se cache comme un lion.
Rien ne trahit le dieu retiré chez l'impie;
Tout sourit à l'entour quand l'Éternel épie
    Les peuples des déserts.
Mais soudain il rugit; le monde fait silence;
Le cri du dieu redouble; et d'un bond il s'élance
    Sur le pâle univers.

UN SÉRAPHIN.

Tel aussi l'aigle dans la nue
Remonte au séjour des esprits,
Et cache son aile étendue
Au sein des foudres assoupis.
Cependant, au vallon, dans leurs fangeux repaires
    Les petits des vipères
    Redisent : il est mort.
Mais soudain s'élançant du séjour du tonnerre,

Il étreint de sa serre
Le serpent dans son fort.

LE CHOEUR.

Sors du nuage, aigle ou colombe!
Lion, sors de l'obscurité!
Espérance, sors de la tombe!
Grand dieu, sors de l'impiété!
Assez tu t'es caché sous des images vaines;
La nuit se prolongeant, assez de lourdes chaînes
Ont pesé sur les cœurs.
Enfin ton front ridé se couronne de joie.
Dans l'antre du tombeau, tu délivres ta proie
Des terrestres langueurs.

Ainsi l'homme vient les mains vides,
Et de dieu retourne comblé.
Trop long-temps sous des cieux arides

Ses pleurs dans l'enfer ont coulé.
Vers l'abîme il penchait, résolu de maudire;
Et sa bouche déjà s'efforçant de sourire
　　Chantait l'hymne de mort.
Mais un doigt le frappant sous sa fausse cuirasse,
Le chant du désespoir en un hymne de grace
　　S'est converti d'abord.

TABLE.

Prométhée Inventeur du Feu 1
Prométhée Enchaîné 77
Prométhée Délivré 191